I0567192

DISCLAIMER

The author and publisher are providing this book and its contents on an "as is" basis and make no representations or warranties of any kind with respect to this book or its contents. The author and publisher disclaim all such representations and warranties, including but not limited to warranties of merchantability. In addition, the author and publisher do not represent or warrant that the information accessible via this book is accurate, complete, or current.

Except as specifically stated in this book, neither the author nor publisher, nor any authors, contributors, or other representatives will be liable for damages arising out of or in connection with the use of this book. This is a comprehensive limitation of liability that applies to all damages of any kind, including (without limitation) compensatory; direct, indirect, or consequential damages; loss of data, income, or profit; loss of or damage to property; and claims of third parties.

Extra Graphic Material From: www.freepik.com
Thanks to: Alekksall, Starline, Pch.vector, Rawpixel.com, Vectorpocket, Dgim-studio, Upklyak, Macrovector, Stockgiu, Pikisuperstar & Freepik.com Designers

This Book Comes With Free Bonus Puzzles

Available Here:

BestActivityBooks.com/WSBONUS20

5 TIPS TO START!

1) HOW TO SOLVE

The Puzzles are in a Classic Format:

- Words are hidden without breaks (no spaces, dashes, ...)
- Orientation: Forward & Backward, Up & Down or
  in Diagonal (can be in both directions)
- Words can overlap or cross each other

2) ACTIVE LEARNING

To encourage learning actively, a space is provided next to each word to write down the translation. The **DICTIONARY** allows you to verify and expand your knowledge. You can look up and write down each translation, find the words in the Puzzle then add them to your vocabulary!

3) TAG YOUR WORDS

Have you tried using a tag system? For example, you could mark the words which have been difficult to find with a cross, the ones you loved with a star, new words with a triangle, rare words with a diamond and so on...

4) ORGANIZE YOUR LEARNING

We also offer a convenient **NOTEBOOK** at the end of this edition. Whether on vacation, travelling or at home, you can easily organize your new knowledge without needing a second notebook!

5) FINISHED?

Go to the bonus section: **MONSTER CHALLENGE** to find a free game offered at the end of this edition!

Want more fun and learning activities? It's **Fast and Simple!**
An entire Game Book Collection just **one click away!**

Find your next challenge at:

BestActivityBooks.com/MyNextWordSearch

Ready, Set... Go!

Did you know there are around 7,000 different languages in the world? Words are precious.

We love languages and have been working hard to make the highest quality books for you. Our ingredients?

A selection of indispensable learning themes, three big slices of fun, then we add a spoonful of difficult words and a pinch of rare ones. We serve them up with care and a maximum of delight so you can solve the best word games and have fun learning!

Your feedback is essential. You can be an active participant in the success of this book by leaving us a review. Tell us what you liked most in this edition!

Here is a short link which will take you to your order page.

BestBooksActivity.com/Review50

Thanks for your help and enjoy the Game!

Linguas Classics Team

1 - Antiques

```
O M Y R Z N A T Z S B R P T K
N U P K E H E G P L T J Z R W
G N P P M S K G T W O I M A A
E T K R C U T S N U K R J A L
W E E K I T N A G E L E J L I
O N I L G J S H U E I L P E T
O W T A A Q S E I R Z A S M E
N G N I L I E V H Q A G K A I
O D E C O R A T I E F T M Z T
U A H S I E R A D E N S I R H
D K T W A A R D E A N K V E P
W U U U A I E G O H J J P V Y
R I A L I B U E M Z M L Y T I
B E E L D H O U W W E R K R A
I N V E S T E R I N G L U A W
```

KUNST
VEILING
AUTHENTIEK
EEUW
MUNTEN
VERZAMELAAR
DECORATIEF
ELEGANT
MEUBILAIR
GALERIJ

INVESTERING
SIERADEN
OUD
PRIJS
KWALITEIT
RESTAURATIE
BEELDHOUWWERK
STIJL
ONGEWOON
WAARDE

2 - Food #1

```
Q  S  T  S  R  E  G  C  B  N  X  I  S  P  B
S  M  O  R  R  L  R  C  J  X  H  G  P  I  A
O  D  N  O  I  I  K  Y  K  V  S  Y  I  N  S
U  I  I  L  K  O  O  L  F  O  N  K  N  D  I
M  Q  J  F  S  I  P  L  N  G  S  B  A  A  L
O  Y  N  X  W  K  R  S  S  Z  A  T  Z  I  I
S  P  E  O  S  O  S  B  P  O  L  F  I  M  C
Y  A  O  A  F  H  W  U  A  U  A  I  E  E  U
K  S  R  R  E  P  Y  Q  I  T  D  R  S  C  M
C  N  T  N  W  E  M  P  A  K  E  Y  W  G  N
Y  O  I  R  O  E  I  E  A  Q  E  K  M  H  U
Y  S  C  D  R  R  I  O  L  B  K  R  B  D  W
F  K  V  Q  T  C  C  V  M  K  Q  J  R  V  B
N  G  C  J  E  A  A  R  D  B  E  I  C  E  R
X  L  D  O  L  E  E  N  A  K  R  A  A  P  O
```

ABRIKOOS	PINDA
GERST	PEER
BASILICUM	SALADE
WORTEL	ZOUT
KANEEL	SOEP
KNOFLOOK	SPINAZIE
SAP	AARDBEI
CITROEN	SUIKER
MELK	TONIJN
UI	RAAP

3 - Measurements

```
G M E U E M R E T E M O L I K
I R E X T G D T H L D G R J I
N U A T D H I G C E F J Y P L
C H K M E F E O I N X A S N O
H M M O E R Z O W G D A A R G
Y J H V R V B H E T Y B C W R
T O N C B V O B G E W L E G A
U J R F K X Z L Y K W I N T M
U M B H N F M Z U M O T T D A
N D E C I M A A L M O E I I X
I L G F Z L K U T L E R M E P
M V W U Y A X A I R A Y E P J
L P Q W L H E Y W W X F T T W
E M A S S A B C E O D O E E B
X M W U X K Y K D L L A R Z Q
```

BYTE	LENGTE
CENTIMETER	LITER
DECIMAAL	MASSA
GRAAD	METER
DIEPTE	MINUUT
GRAM	ONS
HOOGTE	TON
INCH	VOLUME
KILOGRAM	GEWICHT
KILOMETER	BREEDTE

4 - Farm #2

```
C J D P U P W D L B K W Q G S
H E I Q T I U R F O M K Y E K
I V E W R A T E X O J P L R Y
Q O R D A S V O Z M Q T J S P
S K E H C C O B F G L K P T I
G C N B T H E S Ï A M L L A M
L R H H O A D I W A W E I D E
A R O U R A S R I R E M M S X
M F W E U P E R N D G D X A M
A A I A N R L I D Q N T N W Z
I N J Y J T I G M Q D E B L S
H E R D E R E A O T O U E G G
A C Q I X Y P T L A C H P T B
F D Y N G P X I E B N J F Z K
I Y N X L M D E N B Q A B G X
```

DIEREN	LAMA
GERST	WEIDE
SCHUUR	MELK
MAÏS	BOOMGAARD
EEND	SCHAAP
BOER	HERDER
VOEDSEL	TRACTOR
FRUIT	GROENTE
IRRIGATIE	TARWE
LAM	WINDMOLEN

5 - Books

```
C O L L E C T I E B X R V I C
G E S C H R E V E N B O E N L
G O O J F P O Ë Z I E M R V S
H I S T O R I S C H T A T E O
C L R E L E V A N T N N E N C
S A I W P W D S V M E H L T O
I A M T T I H K N O D O L I L
G H L R E S H N I I J G E E R
A R U E N R S P M Y I L R F U
R E Z P Z F A G M X Z V N V U
T V B R V E D I G E D I C H T
A U T E U R R H R E A B R V N
Y H M C O N T E X T L Z G P O
D U A L I T E I T E B G X F V
E P I S C H W U V N R B M V A
```

AVONTUUR
AUTEUR
COLLECTIE
CONTEXT
DUALITEIT
EPISCH
HISTORISCH
INVENTIEF
LITERAIR
VERTELLER

ROMAN
BLADZIJDE
GEDICHT
POËZIE
LEZER
RELEVANT
VERHAAL
TRAGISCH
GESCHREVEN

6 - Meditation

```
C G N I L A H M E D A O J L Q
K D E Q M B K F T M U Z I E K
G L A D L Q M O L U W E F D K
N L Z N A I H W I N T M G E C
I M U E K C Q Z T I N O N R J
D R Q J G B H V S W Q T I V P
R F H R L A A T N E M I G X G
A G E L U K X A E G Z E E G A
A A U J E G Y W R N R S W S X
V N N X M E M A X H G E E S T
N A L D D G H K M U E Q B E C
A T E Y A Z J K O K C I I B R
A U R T P C N E G O D E D E M
R U E D I E H R E D L E H F B
G R N G F E I T C E P S R E P
```

AANVAARDING   MENTAAL
AANDACHT   GEEST
WAKKER   BEWEGING
ADEMHALING   MUZIEK
KALM   NATUUR
HELDERHEID   VREDE
MEDEDOGEN   PERSPECTIEF
EMOTIES   STILTE
DANKBAARHEID   GEDACHTEN
GELUK   LEREN

7 - Days and Months

```
C X T Z Y S X B T V M R C L Y
P A D N A A M A A N D A G S H
L U G E P T D I N S D A G E N
J G I C S R E A V R I J D A G
A U O K E E W R P I Q Z L K A
N S F H P B Y E D R S U R O D
U T P V T M Z D P A I G M K R
A U Q L E E T N O U G L T T E
R S Q Y M V G E T R A A M O D
I J R C B O G L B B D E K B N
L J C E E N G A T E S J F E O
P J V C R V X K D F N E M R D
W M G A E J C R G N E Q X C H
B B B R H W S I O W O D D I P
J U L I P D C J X R W Z H L J
```

APRIL
AUGUSTUS
KALENDER
FEBRUARI
VRIJDAG
JANUARI
JULI
MAART
MAANDAG
MAAND

NOVEMBER
OKTOBER
ZATERDAG
SEPTEMBER
ZONDAG
DONDERDAG
DINSDAG
WOENSDAG
WEEK
JAAR

8 - Energy

```
N U C L E A I R P F W Z L T F
D I E S E L D E X A I R P U O
E L E K T R I S C H N Q A R T
V X T R B U H S B T D Y E B O
L E D K E I R T S U D N I I N
V E R V U I L I N G C C P N B
B T W M X H L S T O O M O E O
E M A E L E K T R O N K R E M
N R T H N T H W Q B U N T T G
Z A E K O O L S T O F Z N U E
I W R A A B W U E I N R E H V
N N S D Y K L R W E X K N A I
E A T X Z Q X C A S D O Z C N
Y C O M O T O R L A F H O C G
V K F O T S D N A R B I L U S
```

ACCU	WATERSTOF
KOOLSTOF	INDUSTRIE
DIESEL	MOTOR
ELEKTRISCH	NUCLEAIR
ELEKTRON	FOTON
ENTROPIE	VERVUILING
OMGEVING	HERNIEUWBAAR
BRANDSTOF	STOOM
BENZINE	TURBINE
WARMTE	WIND

9 - Chess

```
Q S P W B R K Y O W I B Q B B
S T U S I H P H K A N Z W W Y
P R N N P T B T I J D S B G D
E A T U N E O I P M A K F H J
L T E S X T L T O E R N O O I
E E N W P Z E Z W A R T M Z R
R G T P A S S I E F S G Y D T
E I N I G N I N O K L Y C I S
F E E O F M J E D P I N K A D
F Z M A T V T C Y U M H O G E
O N E G N I G A D T I U N O W
C C L L E R E N P X N D I N P
T E G E N S T A N D E R N A W
A G E C U D K F F F U G G A K
O R R V H C U Y A S K F M L G
```

ZWART
UITDAGINGEN
KAMPIOEN
SLIM
WEDSTRIJD
DIAGONAAL
SPEL
KONING
TEGENSTANDER
PASSIEF

SPELER
PUNTEN
KONINGIN
REGLEMENT
OFFER
STRATEGIE
TIJD
LEREN
TOERNOOI
WIT

10 - Archeology

```
K A P E N F O S S I E L K V B
I J X M G A O N B E K E N D E
O O O Y O Q K R E P D J I T S
T U G R A F Z O I W P N Y R C
E N D M M B Q E M N Y E J O H
M N L K A L E V D E M G W Q A
P O U D H E I D E T L N P O V
E I P G C I T M S E O I S J I
L N N J R W A Y K G B D N B N
W F F E Z K U S U R J N E G G
G C J K Q I L T N E E I T E Q
K Z X B A L A E D V C V T W R
E Z J C V E V R I G T E O J P
U L G J I R E I G N E B B K L
A N A L Y S E E E J N N B M O
```

ANALYSE
OUD
OUDHEID
BOTTEN
BESCHAVING
NAKOMELING
TIJDPERK
EVALUATIE
DESKUNDIGE
BEVINDINGEN

VERGETEN
FOSSIEL
MYSTERIE
OBJECTEN
RELIKWIE
TEAM
TEMPEL
GRAF
ONBEKEND

11 - Food #2

```
R T X C H O C O L A D E F Y H
P A D D E S T O E L R W I O E
R A K E R S P A K N K R A G H
M M S I L L E P P A B A H H Q
H O H Z R P Z J E C A T A U E
P T Q A K H B R E H G S M R V
B A N A A N R F I E K S V T I
D R U I F K O A W J E J M I N
D P L C B F C Z I T S H I K S
H P A P I O C N K K W T A I C
C S B G W K O J S I T R A P X
R G R I T H L S E L D E R I J
F D Z U X S I N G I A B O H K
A U B E R G I N E E Q G G Q A
M P H J V B U Z H D T A N Z E
```

APPEL	AUBERGINE
ARTISJOK	VIS
BANAAN	DRUIF
BROCCOLI	HAM
SELDERIJ	KIWI
KAAS	PADDESTOEL
KERS	RIJST
KIP	TOMAAT
CHOCOLADE	TARWE
EI	YOGHURT

12 - Chemistry

```
O Q A T H C I W E G A S M I O
C R O O L H C G T N J A N Z E
O E G F Q H U Y M Y Z I F I Z
H D Z A R X O U R M C Y Y O U
A C H U N L A D A U S M M N U
V K C A B I Z P W H L Q D X R
L J S F O T S R E T A W N V S
S J I K P T Y C C W R F X E T
M O L E C U U L H G D O V Q O
X Q A P Z V L O E I S T O F F
L Q K S T U O Z H T Q S A B C
U J L T M K U R I A E L C U N
O D A T K K N R H R T O H L H
T E M P E R A T U U R O O W Q
A T O O M H A N O R T K E L E
```

ZUUR   ION
ALKALISCH   VLOEISTOF
ATOOM   MOLECUUL
KOOLSTOF   NUCLEAIR
CHLOOR   ORGANISCH
ELEKTRON   ZUURSTOF
ENZYM   ZOUT
GAS   TEMPERATUUR
WARMTE   GEWICHT
WATERSTOF

13 - Music

```
M  I  I  C  V  Q  D  E  F  W  Y  L  H  M  I
U  U  K  D  F  R  H  O  P  E  R  A  A  U  P
B  B  Z  Z  A  N  G  E  R  I  O  A  R  Z  O
L  A  E  I  R  W  W  M  H  D  O  C  M  I  Ë
A  L  C  K  K  I  R  T  D  O  K  O  O  K  T
D  L  L  L  X  A  H  I  B  L  Q  V  N  A  I
M  A  E  A  D  F  N  R  F  E  N  K  I  A  S
D  D  C  S  U  S  O  T  Z  M  M  G  E  L  C
L  E  T  S  E  I  O  S  I  W  N  A  C  R  H
Y  H  I  I  B  D  F  F  N  T  X  V  N  N  X
R  I  S  E  W  G  O  S  G  K  H  T  K  P  D
I  K  C  K  C  M  R  F  E  M  M  O  Y  W  O
S  D  H  G  Y  R  C  Q  N  H  I  H  C  Y  V
C  V  S  H  C  S  I  M  T  I  R  O  N  H  I
H  C  S  I  N  O  M  R  A  H  J  T  A  R  W
```

ALBUM
BALLADE
KOOR
KLASSIEK
ECLECTISCH
HARMONISCH
HARMONIE
LYRISCH
MELODIE
MICROFOON

MUZIKAAL
MUZIKANT
OPERA
POËTISCH
OPNAME
RITME
RITMISCH
ZINGEN
ZANGER
VOCAAL

14 - Family

```
B I E Q W C X C U Y D K W K O
G R A Y M T Y F G F O L M I H
G M O A J T A N T E C E W N D
M X M E P P I R O E H I Y D V
Z U S T R O O M A N T N V E G
M O E D E R F G M I E K A R R
N E F N X S E B L M R I J E O
K I R I P S Y E Q D O N T N O
B S C K G K J I L R E D A V T
P X I H V A D E R W V M V C M
U Q Q Q T R G T X J J A R X O
V O O R O U D E R C E N O H E
K L E I N Z O O N O U C U P D
T M S G V F V P X V G O W B E
G D Q B H M S S F K D R Q X R
```

VOOROUDER	GROOTMOEDER
TANTE	KLEINZOON
BROER	MAN
KIND	MOEDER
JEUGD	NEEF
KINDEREN	NICHT
DOCHTER	VADERLIJK
VADER	ZUS
KLEINKIND	OOM
OPA	VROUW

15 - Farm #1

```
K A T X A N B T W V R P I K Z
H G I B N L I H D B F A V M X
U L E J O R J S T D Y A E G V
U M G P Z A I A A R K R L S C
F U Y L I A N J P W J D D E W
L A N D B O U W S X T N L U S
A W D G R T O Q R T Y Z E I Q
K O S I S Z S H J L F F Z R L
M E S T E Z E L H Q Z K O E G
H J V B D Q H I E S F B V T X
W O D U I V V J K I L L R A E
F F N E D A Z T W X L Q N W K
N G W I B U I H D A H O N D P
I U L C N T T O O B E U X V J
E O V N N G G V H J O R X Q U
```

LANDBOUW	HEK
BIJ	MEST
BIZON	VELD
KALF	GEIT
KAT	HOOI
KIP	HONING
KOE	PAARD
KRAAI	RIJST
HOND	ZADEN
EZEL	WATER

16 - Camping

```
L  J  A  C  H  T  N  A  T  U  U  R  D  E  O
P  U  W  K  T  O  L  H  A  G  B  R  A  N  D
K  T  D  X  A  K  Q  A  G  X  Y  F  S  E  N
K  A  N  O  O  A  H  A  R  S  M  E  Q  R  Q
P  C  A  E  N  W  R  O  U  K  V  K  R  E  Q
F  A  A  O  T  I  E  T  E  P  A  U  X  I  H
M  B  M  T  U  I  I  D  E  D  H  W  U  D  O
E  I  K  L  U  N  Z  A  V  O  N  T  U  U  R
E  N  N  D  S  E  N  K  O  M  P  A  S  H
R  E  A  K  Z  E  L  B  E  R  G  J  E  A  J
J  T  E  X  C  C  P  I  N  T  L  M  N  T  V
S  O  B  H  B  T  J  Z  B  O  M  E  N  L  A
C  U  Q  D  D  X  H  B  M  O  M  J  Z  V  K
T  W  H  A  N  G  M  A  T  X  W  Q  D  O  G
K  V  A  N  A  B  E  Y  A  K  N  E  W  V  A
```

AVONTUUR	JACHT
DIEREN	INSECT
CABINE	MEER
KANO	KAART
KOMPAS	MAAN
BRAND	BERG
BOS	NATUUR
PLEZIER	TOUW
HANGMAT	TENT
HOED	BOMEN

17 - Conservation

```
V E X U R V V N N E O R G Z S
E C X I E R E N Ë U D E P O M
R O N J C I R A I Z Q T M R C
V S E I Y J M T L L H A G G R
U Y G C C W I U A T C W N Q Z
I S N N L I N U C A L U A J V
L T I H E L D R I T M E X S P
I E R C R L E L M I F I U P E
N E E S E I R I E B I L L P S
G M D I N G E J H A E I B K T
V X N N S E N K C H T M J P I
B M A A Z R U U D J S H M D C
L Z R G G E Z O N D H E I D I
K C E R O N D E R W I J S Z D
I M V O U V Y P B O D D O W E
```

VERANDERINGEN	GEZONDHEID
CHEMICALIËN	NATUURLIJK
KLIMAAT	ORGANISCH
ZORG	PESTICIDE
FIETS	VERVUILING
ECOSYSTEEM	RECYCLEREN
ONDERWIJS	VERMINDEREN
MILIEU	DUURZAAM
GROEN	VRIJWILLIGER
HABITAT	WATER

18 - Algebra

```
C G F R A C T I E H E H A V D
D N V G B R O T C A F O F A I
R I A E N I L N Z A S E T L V
H S A N B O J E A K W V R S I
C S E G U F K N O J N E E G S
Q O G I R L L O J E V E K F I
M L G D E A A P H L P L K O E
P P R N M U M X T E P H E R V
R O A I M S U E G B S E N M E
P R F E U K C I M A L I A U F
S I I N N G E G J I H D G L N
B I E O Z T V T X R O O S E O
O I K M A T R I X A O T V M L
P R O B L E E M P V G O Z O A
L J V E R G E L I J K I N G E
```

DIAGRAM
DIVISIE
VERGELIJKING
EXPONENT
FACTOR
VALS
FORMULE
FRACTIE
GRAFIEK
ONEINDIG

LINEAIR
MATRIX
NUMMER
HAAKJE
PROBLEEM
HOEVEELHEID
OPLOSSING
AFTREKKEN
VARIABELE
NUL

19 - Numbers

```
K F B G M K V I J F T I E N A
D E C I M A A L G L J D V E C
X N M T P X W R H A S I O V H
U E K N B E U V B A F B V E T
E G T I N M W E L W Z H W Z D
D E K W L E P E X T R N A J E
C N Y T V M I R T O O F E P R
R T K T Z E S T D R L Z A D T
E I B P B V Z I N Z E K T F I
K E U P F I E E N E G E N E E
D N B B O E S N S T V O I I N
B R L Y N R T D I W H E N W T
K U I T R Y I J R E U H Z M I
T F S E F G E H Q E D F O Z E
J Q U Z C G N E I T T H C A N
```

DECIMAAL	ZEVEN
ACHT	ZEVENTIEN
ACHTTIEN	ZES
VIJFTIEN	ZESTIEN
VIJF	TIEN
VIER	DERTIEN
VEERTIEN	DRIE
NEGEN	TWAALF
NEGENTIEN	TWINTIG
EEN	TWEE

20 - Spices

```
P N K H T C E W H M E V N B A
F A G R W K E R R I E A O I N
E A P E U N B K T U Z N O T I
N R K R M I Q Q U S R I T T J
E F O T I B D Z O E T L M E S
G F M D B K E N Z Q M L U R D
R A I Z X A A R A K O E S A C
I S J F J A F T I G M F K O I
E G N F W M D J L E E N A K P
K H K W J S U Z S H D L A G Y
K N O F L O O K C H R P T F Q
V E N K E L R E D N A I R O K
K I Q U B B X M M K N V Z R
U G G U I D M T V S V H R V X
A O D F V P O J F R Z C P B H
```

ANIJS
BITTER
KARDEMOM
KANEEL
KRUIDNAGEL
KORIANDER
KOMIJN
KERRIE
VENKEL
FENEGRIEK

SMAAK
KNOFLOOK
GEMBER
NOOTMUSKAAT
UI
PAPRIKA
SAFFRAAN
ZOUT
ZOET
VANILLE

21 - Universe

```
Z  H  O  R  I  Z  O  N  J  A  L  C  U  E  R
A  O  S  S  G  E  R  A  U  T  E  N  N  O  Z
S  W  N  I  A  H  R  A  T  M  N  K  P  C  G
T  T  A  N  O  T  A  M  T  O  G  A  M  A  V
R  E  S  R  E  R  A  U  O  S  T  N  D  F  V
O  L  T  E  J  W  N  S  O  F  E  T  W  B  R
N  E  E  T  K  A  E  F  W  E  G  E  L  E  A
O  S  R  S  C  N  V  N  B  E  R  L  E  P  P
M  C  O  I  G  E  E  P  D  R  A  E  W  O  N
I  O  Ï  U  O  J  Z  P  D  E  A  N  O  A  W
E  O  D  D  A  A  R  G  E  T  D  E  E  R  B
A  P  E  S  A  S  T  R  O  N  O  O  M  I  C
K  C  U  C  H  E  M  E  L  B  A  A  N  C  W
K  O  S  M  I  S  C  H  Y  B  Z  K  X  W  Y
H  R  E  K  Q  B  H  A  L  F  R  O  N  D  F
```

ASTEROÏDE	BREEDTEGRAAD
ASTRONOOM	LENGTEGRAAD
ASTRONOMIE	MAAN
ATMOSFEER	BAAN
KOSMISCH	HEMEL
DUISTERNIS	ZONNE
EVENAAR	ZONNEWENDE
HALFROND	TELESCOOP
HORIZON	KANTELEN

22 - Mammals

```
G L B R O B Z E B R A X E N W
H O V W U E E L A I T O L K P
Z N R O X V U E H D N C S L U
A I E I S E K W L Y A T I S H
W M I O L R G A U I F F V C A
O P T T C L F L N J I F L O D
L U S M H P A A A G L G A H G
F Y D F I T R E E B O N W O U
X X C O N J I N O K I E G N X
P A A R D S G V P S W T R D I
A K T L V I B Q Q Q W O O O U
A K A T C M V C O V G Y E A E
H V Y Q R E D I T S X O Y K B
C R J Z O A O N U Q V C N X C
S M W H D V Q S T C E O J Y Y
```

BEER	GORILLA
BEVER	PAARD
STIER	KANGOEROE
KAT	LEEUW
COYOTE	AAP
HOND	KONIJN
DOLFIJN	SCHAAP
OLIFANT	WALVIS
VOS	WOLF
GIRAF	ZEBRA

23 - Restaurant #1

```
P T Q V M G F P H U Y F W G K
I O U O Q V A P F Q L H N Z E
T E N E T N Ë I D E R G N I U
T T E D V B K K O I K N L B K
I J M S A L L R O G O I P M E
G E O E Z Z E R R R F R D V N
K V K L S F B E B E F E M E S
X F W M B E B Y S L I V V X U
U E P Z C R R O N L E R T O A
K A S S I E R V R A U E O V S
J U T R L Q Y E E D H S A J O
E T E N V E D S I T V E F W M
T X I Q N J H X N H D R H L L
K U R O B A X B O B O O Z Z F
S E R V E E R S T E R Q H Y X
```

ALLERGIE	MES
KOM	VLEES
BROOD	MENU
KASSIER	SERVET
KIP	BORD
KOFFIE	RESERVERING
TOETJE	SAUS
VOEDSEL	PITTIG
INGREDIËNTEN	ETEN
KEUKEN	SERVEERSTER

24 - Bees

```
H O L R D A S P B W S P B O B
D A A E P F U M I F X N L S L
I A B V X O H N J I T J O T O
V G N I N O H W E G E J E U E
E Q I U T C N T N O Z T M I S
R T G T T A E E K F E U E F E
S O N S O F T L O F W I N M M
I M I E A Y N A R R R N M E I
T Q N B A O A I F C T U E E E
E R O Y W S L N I P S U I L Q
I E K W L C P S A R W U P T I
T Z W E R M A E U O W A S T I
E J R P C J X C N O C A Z Q B
V O E D S E L T M K X I O M V
G C O E C O S Y S T E E M M W
```

BLOESEM	INSECT
DIVERSITEIT	PLANTEN
ECOSYSTEEM	STUIFMEEL
BLOEMEN	BESTUIVER
VOEDSEL	KONINGIN
FRUIT	ROOK
TUIN	ZON
HABITAT	ZWERM
BIJENKORF	WAS
HONING	

25 - Adventure

```
V  N  V  E  R  R  A  S  S  E  N  D  M  M  G
V  R  I  B  U  C  X  E  T  K  Q  K  O  H  E
E  A  E  E  G  N  I  M  M  E  T  S  E  B  V
I  N  C  U  U  I  F  Q  H  X  G  P  D  G  A
L  A  N  T  G  W  M  U  U  B  T  I  I  X  A
I  T  C  I  I  D  N  A  L  P  S  I  E  R  R
G  U  S  O  Q  V  E  L  V  R  S  D  H  L  L
H  U  E  M  S  A  I  S  U  O  H  T  N  E  I
E  R  K  D  H  U  K  T  D  W  Y  Q  O  X  J
I  O  V  C  D  O  N  O  E  H  G  W  O  C  K
D  V  R  I  E  N  D  E  N  I  K  Q  H  U  J
N  A  V  I  G  A  T  I  E  K  T  A  C  R  I
M  O  E  I  L  I  J  K  H  E  I  D  S  S  N
V  O  O  R  B  E  R  E  I  D  I  N  G  I  S
K  A  N  S  O  N  G  E  W  O  O  N  H  E  D
```

ACTIVITEIT	REISPLAN
SCHOONHEID	VREUGDE
MOED	NATUUR
KANS	NAVIGATIE
GEVAARLIJK	NIEUW
BESTEMMING	VOORBEREIDING
MOEILIJKHEID	VEILIGHEID
ENTHOUSIASME	VERRASSEND
EXCURSIE	ONGEWOON
VRIENDEN	

26 - Restaurant #2

```
M K L S K Q K N A R D C L A L
E D N U V U I E O Z E A E H Y
G R O E N T E R M E P K P W L
V I E G I U R E N I D E E U C
D F F B J O B I U J H E L N M
A W B W O Z M E K Q T H L K S
H E E R L I J K S J I C G S P
T T D H W A T E R T G H N V L
S P E C E R I J E N O F M O G
I O O N G X F W D Q P E R R F
V V Y U S Y R A A R Y I L K H
O H H L B K U H L O R E E A Q
O V S O E P I B A Z C G O A R
H Y E K N B T S S E H E G M I
I J I E B T M N J I R F D U I
```

DRANK   LUNCH
CAKE   NOEDELS
STOEL   SALADE
HEERLIJK   ZOUT
DINER   SOEP
EIEREN   SPECERIJEN
VIS   LEPEL
VORK   GROENTE
FRUIT   OBER
IJS   WATER

27 - Geology

```
M S P K G C I M R O G L B E L
I T U O U A A A E M H N H N Q
N E X R I N E L L A T S I R K
E E T A T E I T C A L A T S O
R N A A K L U V B I L C Y C Y
A T Z L E R O S I E U Z L O Z
L A Y O Z I I S W F A M Y C U
E P Z I U H Q L L R E I G W U
N T F G P T N E N I T N O C R
A A R D B E V I N G A G R O T
O Q V U E O D S S S L X U J V
Z C L W U G S S P O P T A L O
F S Q A V A L O G E I S E R M
Y S V P A D B F V R C L E S W
M V W E H G K W A R T S H C Z
```

ZUUR
CALCIUM
GROT
CONTINENT
KORAAL
KRISTALLEN
CYCLI
AARDBEVING
EROSIE
FOSSIEL

GEISER
LAVA
LAAG
MINERALEN
PLATEAU
KWARTS
ZOUT
STALACTIET
STEEN
VULKAAN

28 - House

```
V  J  F  O  L  O  P  G  I  D  M  M  U  U  R
Z  K  J  E  P  K  M  C  K  O  E  H  D  S  S
Y  E  P  K  D  R  A  A  H  U  U  B  A  N  D
Z  E  J  M  S  E  L  E  N  C  B  E  K  L  Z
C  H  K  N  K  S  U  S  T  H  I  N  G  G  W
O  T  I  I  H  L  L  R  X  E  L  E  O  O  D
Z  O  L  D  E  R  H  E  K  U  A  K  K  R  A
A  I  M  E  G  U  N  M  T  N  I  U  T  D  P
J  L  F  R  A  C  X  A  B  U  R  E  H  I  G
G  B  H  E  R  F  Z  K  K  E  E  K  A  J  B
M  I  G  S  A  R  A  A  M  M  Z  L  K  N  A
K  B  L  E  G  E  I  P  S  Z  L  E  S  E  A
V  L  O  E  R  D  I  V  G  S  Z  D  M  N  Q
X  W  M  K  U  W  O  S  Y  V  U  Z  O  H  K
G  U  U  L  B  V  M  S  X  W  C  B  P  B  Q
```

ZOLDER	SLEUTELS
BEZEM	KEUKEN
GORDIJNEN	LAMP
DEUR	BIBLIOTHEEK
HEK	SPIEGEL
HAARD	DAK
VLOER	KAMER
MEUBILAIR	DOUCHE
GARAGE	MUUR
TUIN	RAAM

29 - Physics

```
F U Y O L U U C E L O M E M U
R R I A E L C U N Z Q A L E N
K W E T F O R M U L E G E C I
H Z C Q B H D P Z V G N K H V
C Q K L U R C A M U N E T A E
S A G I E E E N W J I T R N R
I C Q D J S N I N N L I O I S
M O T O R M R T D Q L S N C E
E D C F S O A C I I E M E A E
H W F A H O E S T E N E A C L
C U C E R T Q A S E S G W H H
Q I E E J A P K X A R I Y A H
V D I C H T H E I D E B E O J
H Q D E E L T J E C V X P S V
R E L A T I V I T E I T Y D O
```

VERSNELLING
ATOOM
CHAOS
CHEMISCH
DICHTHEID
ELEKTRON
MOTOR
UITBREIDING
FORMULE
FREQUENTIE

GAS
MAGNETISME
MASSA
MECHANICA
MOLECUUL
NUCLEAIR
DEELTJE
RELATIVITEIT
UNIVERSEEL

30 - Dance

```
D L B H G N I D U O H K U L E
A N E J C E R U U T L U C I X
A X W I C M N Z E J N N X C P
N B E L T T Z A W M W S U H R
R P G B Z I P G D G O T Y A E
N S I D A R T G K E M T B A S
H U N Y J T K E I Z U M I M S
D R G R M D B F P O U C S E I
C C C V V W E I M E D A C A E
C U L T U R E E L I R I B H F
S P R I N G E N L B N A K D T
K L A S S I E K P A R T N E R
C H O R E O G R A F I E D X U
Q T R A D I T I O N E E L Q O
V I S U E E L V A Q S J I J K
```

ACADEMIE
KUNST
LICHAAM
CHOREOGRAFIE
KLASSIEK
CULTUREEL
CULTUUR
EMOTIE
EXPRESSIEF
GENADE

BLIJ
SPRINGEN
BEWEGING
MUZIEK
PARTNER
HOUDING
REPETITIE
RITME
TRADITIONEEL
VISUEEL

31 - Coffee

```
S  J  I  R  P  D  B  G  Q  T  T  W  J  M  V
D  U  F  O  T  S  I  E  O  L  V  A  H  A  C
N  T  I  N  F  B  U  R  U  U  Z  T  B  L  Y
C  B  B  K  B  Z  R  O  H  T  K  E  I  E  N
Q  A  E  J  E  X  O  O  F  K  E  R  T  N  Q
J  R  F  N  D  R  O  S  K  A  Y  I  T  T  K
H  M  E  E  K  H  M  T  R  A  W  Z  E  G  V
M  E  L  K  Ï  K  G  E  A  M  O  S  R  B  W
S  R  A  N  G  N  O  R  P  S  R  O  O  E  R
U  O  I  I  S  N  E  D  G  L  F  B  M  K  A
P  E  F  R  W  R  D  N  E  T  H  C  O  E  E
Q  G  K  D  F  J  J  R  F  X  E  X  V  R  O
F  I  L  T  E  R  K  K  A  M  O  R  A  Q  D
Z  V  H  X  O  C  U  G  N  N  C  M  I  X  R
E  Y  E  D  S  J  W  D  X  Y  K  M  L  V  L
```

ZUUR	MALEN
AROMA	VLOEISTOF
DRANK	MELK
BITTER	OCHTEND
ZWART	OORSPRONG
CAFEÏNE	PRIJS
ROOM	GEROOSTERD
BEKER	SUIKER
FILTER	DRINKEN
SMAAK	WATER

32 - Shapes

```
Z  M  A  V  K  A  N  T  I  L  V  P  W  P  O
C  A  R  E  D  N  I  L  I  C  I  W  R  E  V
L  U  K  E  O  H  E  I  R  D  E  Z  E  T  A
Z  L  I  L  O  D  D  V  A  S  R  O  C  O  A
L  M  R  H  B  G  S  U  B  U  K  I  H  G  L
B  P  D  O  R  A  N  D  E  N  A  R  T  Z  O
J  F  I  E  A  T  M  A  Y  Q  N  O  H  H  O
Z  G  O  K  I  K  F  S  R  R  T  N  O  P  B
T  Q  S  Q  L  I  A  O  I  S  V  D  E  T  R
L  C  I  R  K  E  L  C  K  R  D  E  K  H  E
G  I  P  I  R  A  M  I  D  E  P  Q  F  O  P
M  S  J  H  B  V  B  O  O  G  I  S  V  E  Y
J  C  L  N  E  V  J  B  C  U  R  V  E  K  H
K  E  G  E  L  W  E  T  O  K  D  M  F  V  Q
Q  N  H  W  Y  B  G  C  C  L  V  B  D  F  Z
```

BOOG	OVAAL
CIRKEL	VEELHOEK
KEGEL	PRISMA
HOEK	PIRAMIDE
KUBUS	RECHTHOEK
CURVE	RONDE
CILINDER	KANT
RANDEN	BOL
HYPERBOOL	VIERKANT
LIJN	DRIEHOEK

33 - Scientific Disciplines

```
C N E U R O L O G I E V L Y I
H M I N E R A L O G I E A Q M
E I G O L O E G J E K M F N T
M K H E I G O L O I S E N I K
I D A H E B G R P G G G W Q Q
E R O K E I G O L O H C Y S P
Z O Ö L O G I E A L T B E M B
A N A T O M I E N O A I C E I
W P F H N V F E T R A O O C O
C H N K U R U P K O L L L H C
E J X H S F M W U E K O O A H
H F A M N A Q X N T U G G N E
T Q S D S G Z M D E N I I I M
O J N U A R L K E M D E E C I
A S T R O N O M I E E Y N A E
```

ANATOMIE
ASTRONOMIE
BIOCHEMIE
BIOLOGIE
PLANTKUNDE
CHEMIE
ECOLOGIE
GEOLOGIE

KINESIOLOGIE
TAALKUNDE
MECHANICA
METEOROLOGIE
MINERALOGIE
NEUROLOGIE
PSYCHOLOGIE
ZOÖLOGIE

34 - Science

```
N E N M V Q P A T O O M H M E
C A U J K N L O G Z E D Y I X
K H T L P I A W E L Y E P N P
D L E U A M N G G J I E O E E
O P I M U A T Y E P K L T R R
P B S M I R E U V U O T H A I
J X S Y A S N A E A E J E L M
L L U J L A C E N L I E S E E
H I A M Q D T H S E T S E N N
L A B O R A T O R I U M D A T
O R G A N I S M E S L G O G I
F E I T H L O Z X S O V H P B
M O L E C U L E N O V L T X G
H X U P G Q M X V F E B E Y U
N A T U U R K U N D E F M B V
```

ATOOM
CHEMISCH
KLIMAAT
GEGEVENS
EVOLUTIE
EXPERIMENT
FEIT
FOSSIEL
HYPOTHESE

LABORATORIUM
METHODE
MINERALEN
MOLECULEN
NATUUR
ORGANISME
DEELTJES
NATUURKUNDE
PLANTEN

35 - Beauty

```
S  K  G  O  L  I  Ë  N  Q  M  L  F  K  J  H
P  N  E  T  S  N  E  I  D  I  I  D  J  Y  F
I  S  N  X  R  Y  L  N  O  O  P  M  A  H  S
E  C  A  A  C  K  Y  F  P  B  P  P  C  E  H
G  H  D  K  L  E  U  R  S  C  E  R  I  O  C
E  A  E  E  I  J  T  U  M  J  N  O  T  M  M
L  A  D  A  L  J  P  E  T  D  S  D  E  H  L
W  R  N  Q  D  E  C  G  S  F  T  U  M  M  K
O  E  I  T  N  A  G  E  L  E  I  C  S  N  L
K  R  U  L  L  E  N  A  C  F  F  T  O  L  W
M  A  S  C  A  R  A  K  N  H  T  E  C  N  B
S  T  I  L  I  S  T  H  H  T  A  N  O  I  U
O  G  G  R  Y  Q  K  Y  U  F  P  R  Z  J  H
V  E  R  Z  I  N  N  E  N  I  T  G  M  S  G
F  O  T  O  G  E  N  I  E  K  D  D  P  E  D
```

CHARME	MASCARA
KLEUR	SPIEGEL
COSMETICA	OLIËN
KRULLEN	FOTOGENIEK
ELEGANTIE	PRODUCTEN
ELEGANT	SCHAAR
GEUR	DIENSTEN
GENADE	SHAMPOO
LIPPENSTIFT	HUID
VERZINNEN	STILIST

36 - Clothes

```
J  N  D  N  J  N  K  L  S  T  X  V  T  R  B
Q  P  A  L  A  A  J  S  C  D  R  M  I  Y  L
D  D  Z  M  S  A  J  T  H  E  C  U  X  K  O
E  C  H  W  J  R  O  K  O  K  M  P  I  W  U
Y  Q  J  K  E  O  R  B  R  J  E  A  N  S  S
Z  U  V  R  D  D  G  K  T  K  T  F  Y  R  E
O  Q  Z  U  C  B  O  C  H  M  P  M  R  B  Q
N  Z  U  J  R  I  O  M  A  M  Y  L  M  P  A
S  I  E  R  A  D  E  N  J  P  J  P  U  Z  X
A  R  M  B  A  N  D  X  I  P  A  Z  N  H  Z
V  Z  K  M  G  O  N  B  W  W  M  E  I  R  O
N  E  N  E  O  H  C  S  D  N  A  H  Y  Y  I
S  C  H  O  E  N  N  J  L  U  R  L  Z  K  I
W  W  S  A  N  D  A  L  E  N  H  O  E  D  B
P  N  M  L  S  S  H  I  R  T  H  E  D  X  F
```

SCHORT
RIEM
BLOUSE
ARMBAND
JAS
JURK
MODE
HANDSCHOENEN
HOED
JASJE

JEANS
SIERADEN
PYJAMA
BROEK
SANDALEN
SJAAL
SHIRT
SCHOEN
ROK
TRUI

37 - Astronomy

```
V M E T E O O R T X W T A R K
U E S T E R R E N B E E L D O
O D R E E W J M A T N K M V S
F R K D T G C U A A N A E W M
Y A I Ï U F K I M F O R I U O
N A H O A I D R L H Z P R T S
S S E R N A S O E Q U I N O X
A U M E O S C T V A Z W E G G
T P E T R T H A E M O X R K N
E E L S T R E V N R F A E N I
L R L A S O R R W S I K I U L
L N Q T A N A E V L D N D F A
I O T C G O Z S E R T O G J R
E V E B K O J B P L A N E E T
T A P N T M H O U M J F V P S
```

ASTEROÏDE   NEVEL
ASTRONAUT   OBSERVATORIUM
ASTRONOOM   PLANEET
STERRENBEELD   STRALING
KOSMOS   RAKET
AARDE   SATELLIET
VERDUISTERING   HEMEL
EQUINOX   ZONNE
METEOOR   SUPERNOVA
MAAN   DIERENRIEM

38 - Health and Wellness #2

```
G V O Z B L O E D S A Z L I A
E I M O T A N A N G S I W A Q
Y T S U L T E E O I Z E A E E
V A U V G O J J Z Y I K R I A
A M A M I S D U E Y E T M T S
H I C G R K J B G G K E A A S
T N I N F E C T I E E I S R E
I E T J M B N S K N N G S D B
J M E I R O L A C Ë H R A Y Y
M G N I D E O V J I U E G H L
Z J E W D Z A R Q G I N E E B
E I G R E L L A C Y S E C D T
H E R S T E L B B H S L Q N M
G N S A D G E W I C H T B L B
C U W K F G W Z W S H X B E E
```

ALLERGIE
ANATOMIE
EETLUST
BLOED
CALORIE
DEHYDRATIE
DIEET
ZIEKTE
ENERGIE
GENETICA

GEZOND
ZIEKENHUIS
HYGIËNE
INFECTIE
MASSAGE
VOEDING
HERSTEL
STRESS
VITAMINE
GEWICHT

39 - Disease

```
L  Z  U  L  G  E  Z  O  N  D  H  E  I  D  B
H  A  R  T  E  I  H  T  A  P  O  R  U  E  N
S  U  X  Q  G  N  I  L  A  H  M  E  D  A  G
H  Y  N  T  J  C  D  N  V  A  A  Q  B  O  E
S  Q  N  T  A  C  I  E  P  M  L  Y  E  N  N
W  X  Q  D  U  S  L  T  N  A  L  B  S  T  E
E  I  P  A  R  E  H  T  F  A  E  A  M  S  T
Q  G  N  X  E  O  E  O  U  H  R  C  E  T  I
Z  K  A  W  Z  G  O  B  N  C  G  T  T  E  S
T  I  E  T  I  N  U  M  M  I  I  E  T  K  C
F  U  Z  T  D  A  T  N  P  L  E  R  E  I  H
Y  B  H  S  A  C  U  U  T  I  Ë  I  L  N  K
C  H  R  O  N  I  S  C  H  R  N  E  I  G  L
P  X  X  D  K  J  I  L  E  F  R  E  J  U  K
B  Z  G  T  E  L  K  F  J  F  T  L  K  D  L
```

BUIK	HART
ACUUT	ERFELIJK
ALLERGIEËN	IMMUNITEIT
BACTERIEEL	ONTSTEKING
LICHAAM	LENDEN-
BOTTEN	NEUROPATHIE
CHRONISCH	ADEMHALING
BESMETTELIJK	SYNDROOM
GENETISCH	THERAPIE
GEZONDHEID	ZWAK

40 - Time

```
V P Z K J G A A D N A V U K D
T S M O K E O T N A C H T A E
I K N I H O V M A U B E P L C
S J U U K R C I N Q B J P E E
Q I M W C V C N L R D S Y N N
W L R I Y N K U S H H G A D N
M R A A J T A U R H S Y O E I
K A S B H K N T U U R V C R U
S A A P H W L U S S M O H D M
Q J C N O U C O F F H O T V M
D H X N D E F Z K J Z R E H I
Q U M G F E D E V J V Z N I D
A B A F G L Y I K H N L D K D
D E X T X Z L L G G W E E K A
O A W F K O O J Y K L X R I G
```

JAARLIJKS	MINUUT
VOOR	MAAND
KALENDER	OCHTEND
EEUW	NACHT
KLOK	MIDDAG
DAG	NU
DECENNIUM	SPOEDIG
VROEG	VANDAAG
TOEKOMST	WEEK
UUR	JAAR

41 - Buildings

```
Z Q H D X M Z V S X M K S P J
L I J E T E N T E R U U H C S
A B E T R I N H I E I E P S E
B I A K L B I V Q T R M Y T H
O O P R E F E Y E A O U A A P
R S P A E N A R R E T S M D C
A C A M T E H B G H A E B I N
T O R R S R H U R T V U A O H
O O T E A O L K I I R M S N E
R P E P K T O U P S E K S R M
I U M U C P O Q X O S K A A F
U Z E S S D H S H E B F D P X
M E N I B A C R N K O P E G Y
L E T O H D S X M P Q X O V Y
U N I V E R S I T E I T F C D
```

APPARTEMENT
SCHUUR
CABINE
KASTEEL
BIOSCOOP
AMBASSADE
FABRIEK
ZIEKENHUIS
HERBERG
HOTEL

LABORATORIUM
MUSEUM
OBSERVATORIUM
SCHOOL
STADION
SUPERMARKT
TENT
THEATER
TOREN
UNIVERSITEIT

42 - Herbalism

```
C G H T U I N O J T B L A K P
P U C B P M R R M N N R R R E
E L L H V V J E O A E U O O T
I A A I Z S O G B L O H M Z E
N V I P N K V A A P R C A E R
G E G Z E A G N S F G V T M S
R N X N E A I O I O D L I A E
E D K I F M L R L S G U S R L
D E O E G S E J I A D E C I I
I L O L K F D V C F R A H J E
Ë B L O E M R E U F A T R N W
N K F J V Z O N M R G K U Y I
T X O R D X O K I A O Q Z H C
S T N A N Q V E F A N O S Q T
M K K M J B K L M N M T U F G
```

AROMATISCH
BASILICUM
VOORDELIG
CULINAIR
VENKEL
SMAAK
BLOEM
TUIN
KNOFLOOK
GROEN

INGREDIËNT
LAVENDEL
MARJOLEIN
MUNT
OREGANO
PETERSELIE
PLANT
ROZEMARIJN
SAFFRAAN
DRAGON

43 - Vehicles

```
Y  H  N  A  V  A  R  A  C  T  N  J  M  S  F
A  M  E  B  U  S  N  G  G  T  N  K  O  H  I
C  Y  D  L  S  I  K  S  O  I  H  D  T  U  E
L  T  N  G  I  U  T  G  E  I  L  V  O  T  T
M  W  A  O  X  K  V  F  W  G  V  J  R  T  S
B  E  B  T  A  T  O  O  B  R  E  E  V  L  V
L  O  T  Y  T  V  C  P  J  Ë  V  A  C  E  B
I  H  O  R  A  U  T  O  T  E  I  I  E  K  C
E  O  T  T  O  M  X  N  E  E  B  M  A  R  I
G  F  A  Y  L  V  Y  K  K  Z  R  O  X  V  W
D  T  N  C  R  O  T  C  A  R  T  O  L  V  H
L  G  S  X  S  U  R  D  R  E  T  O  O  C  S
A  M  B  U  L  A  N  C  E  D  O  F  E  K  B
Z  A  B  C  B  E  B  K  Z  N  Q  K  Q  G  T
A  Y  G  E  S  P  Q  L  B  O  J  E  C  I  L
```

VLIEGTUIG	VLOT
AMBULANCE	RAKET
FIETS	SCOOTER
BOOT	SHUTTLE
BUS	ONDERZEEËR
AUTO	METRO
CARAVAN	TAXI
VEERBOOT	BANDEN
HELIKOPTER	TRACTOR
MOTOR	

44 - Flowers

```
L  M  L  A  Z  P  I  O  E  N  R  O  O  S  M
Z  E  V  O  I  C  B  J  R  O  Z  V  I  R  A
O  O  L  Y  N  R  Y  Q  X  T  A  B  C  A  G
N  L  B  I  X  E  M  F  J  M  C  I  P  R  N
N  B  O  C  E  V  E  E  D  I  H  C  R  O  O
E  E  E  U  O  A  O  S  F  E  U  P  U  P  L
B  D  K  F  R  L  L  E  D  N  E  V  A  L  I
L  R  E  D  A  K  B  I  W  X  Y  U  O  U  A
O  A  T  E  J  F  E  I  L  E  D  A  M  W  I
E  A  J  A  S  M  I  J  N  H  L  G  J  I  N
M  P  T  U  L  P  S  U  C  S  I  B  I  H  E
W  M  M  V  W  E  S  P  D  I  B  O  P  G  D
O  M  L  N  O  D  A  L  B  M  E  O  L  B  R
L  O  R  E  V  A  P  A  P  D  X  C  F  R  A
P  L  U  M  E  R  I  A  N  A  R  C  I  S  G
```

BOEKET	LELIE
KLAVER	MAGNOLIA
NARCIS	ORCHIDEE
MADELIEFJE	PASSIEBLOEM
PAARDEBLOEM	PIOENROOS
GARDENIA	BLOEMBLAD
HIBISCUS	PLUMERIA
JASMIJN	PAPAVER
LAVENDEL	ZONNEBLOEM
LILA	TULP

45 - Health and Wellness #1

```
O  B  O  N  T  S  P  A  N  N  I  N  G  B  H
D  R  E  G  N  O  H  V  I  R  U  S  S  V  O
K  E  T  G  O  O  H  G  Z  N  G  D  P  O  R
X  U  F  I  R  Z  K  Z  I  J  P  O  I  I  M
A  K  E  E  H  T  O  P  A  K  O  K  E  O  O
H  D  V  Z  Z  R  E  F  L  E  X  T  R  Q  N
Z  E  E  S  I  J  G  O  H  I  Z  E  E  E  E
F  N  P  M  R  G  A  H  L  N  J  R  N  I  N
N  J  J  L  E  I  L  M  R  I  U  D  Q  P  J
C  E  A  N  U  N  Y  D  N  L  T  J  A  A  S
A  C  T  I  E  F  D  U  N  K  R  C  W  R  B
B  A  C  T  E  R  I  Ë  N  E  W  U  N  E  Z
Q  D  O  V  O  F  U  R  C  C  R  U  G  H  K
J  T  T  U  U  B  H  F  F  A  G  B  T  T  G
G  E  W  O  O  N  T  E  R  Z  J  K  T  E  J
```

ACTIEF	SPIEREN
BACTERIËN	ZENUWEN
BOTTEN	APOTHEEK
KLINIEK	REFLEX
DOKTER	ONTSPANNING
BREUK	HUID
GEWOONTE	THERAPIE
HOOGTE	ADEMEN
HORMONEN	VIRUS
HONGER	

46 - Town

```
J Y P H O T E L M Y T S A W S
O N O I D A T S O X H N T T C
N F O J T K R A M R E P U S H
L U C H T H A V E N A M B B O
K B S B W S T V J I T U A I O
O K O Q O N I A I H E S K B L
K X I M H E T M R O R E K L W
E L B C R C K N E F P U E I I
E V I O G H N H L O R M R O N
H I Z N T Z A M A U L R I T K
T N Z D I R B O G N E B J H E
O A Y I A E M W R B D M B E L
P A A J R T K R A M N E T E S
A D I E R E N T U I N N L K S
L U N I V E R S I T E I T M I
```

LUCHTHAVEN   MARKT
BAKKERIJ   MUSEUM
BANK   APOTHEEK
BOEKHANDEL   SCHOOL
BIOSCOOP   STADION
KLINIEK   WINKEL
BLOEMIST   SUPERMARKT
GALERIJ   THEATER
HOTEL   UNIVERSITEIT
BIBLIOTHEEK   DIERENTUIN

47 - Antarctica

```
R B G E O G R A F I E R C S I
C E T E M P E R A T U U R C L
P H K B N W O L K E N A J H R
A O Z V Q M W N E D N A L I E
M U U T O P O G R A F I E E K
O D U P N W Z Y Q E U A T R E
M V G D L E W C I J S A U E O
G O M L F Y N B X M C B R I Z
E G I I E I T I D E P X E L R
V E G Q N T T A T Q C I T A E
I L R W K H S F C N G N A N D
N S A J A U A J C L O V W D N
G K T T N L V M E Y J C K U O
P A I K S N E L A R E N I M R
B K E U G I T H C A S T O R G
```

BAAI
VOGELS
WOLKEN
BEHOUD
CONTINENT
INHAM
OMGEVING
EXPEDITIE
GEOGRAFIE
GLETSJERS

IJS
EILANDEN
MIGRATIE
MINERALEN
SCHIEREILAND
ONDERZOEKER
ROTSACHTIG
TEMPERATUUR
TOPOGRAFIE
WATER

48 - Ballet

```
B A L L E R I N A Q Y Z N W U
C R I T M E K E I T S I T R A
O U F F K G S R E S N A D E M
M H P B D K E E E A L R J C U
P E S C E J L I M K S N W M Z
O X D J E O S P S M Y T P L I
N P K G Z X N S K S P G I K E
I R Z E P R A K T I J K B J K
S E L T I E T I S N E T N I L
T S I E G L T F U F U S D L X
E S S A S V B R A A B E G R H
E I F L P S S U L L L K W E W
C E I B O I E J P D C R X I L
S F M I Y O N N P F Z O C S P
C H O R E O G R A F I E O W G
```

APPLAUS
ARTISTIEK
PUBLIEK
BALLERINA
CHOREOGRAFIE
COMPONIST
DANSERS
EXPRESSIEF
GEBAAR

SIERLIJK
INTENSITEIT
LESSEN
SPIEREN
MUZIEK
ORKEST
PRAKTIJK
RITME
STIJL

49 - Fashion

```
G A M M U D T W D G V C C V F
C F Y W A S F E M T C O J V E
F M R U U T X E T F O M P U O
B E H C S I T K A R P F O T S
O T D Q J J W K P H O O K C S
R I B U T L I L A X N R A G Q
D N E T U U N E T B K T N I B
U G T R T R K D R D U A T D F
U E A E R Y E I O T R B I U T
R N A N C C L N O N R E D O M
W I L D Z D D G N A T L H V U
E K B C L E E N I G I R O N V
R Z A D T N E D I E H C S E B
K N A P A P L C F L D F L E Q
K B R R H X P V G E L X L G S
```

BETAALBAAR
WINKEL
KNOP
KLEDING
COMFORTABEL
ELEGANT
BORDUURWERK
DUUR
STOF
KANT

AFMETINGEN
MODERN
BESCHEIDEN
ORIGINEEL
PATROON
PRAKTISCH
EENVOUDIG
STIJL
TEXTUUR
TREND

50 - Human Body

```
F K E N E N E S R E H H O U B
I N K L X K Q M X Y N O U K E
E I F K L R A O R I D O E A E
I E D M M E Q N E T E F O U N
V K C T K G B D D F K D Z T R
K Q R C N N L O U Y I I P S E
K A J O O I B U O V B U F K F
C S A P E V U V H G L H I X Q
G U Q K I A I K C L C T O O R
L E K N E L N Z S J L H A N D
B N Z H N S N L D L F C F S B
X I A I F O H K Q R G E T W L
D K B F C B O T T E N L T J O
N N C N Z H H A R T W P G K E
D B P I T E T G P L K N V V D
```

ENKEL	HOOFD
BLOED	HART
BOTTEN	KAAK
HERSENEN	KNIE
KIN	BEEN
OOR	MOND
ELLEBOOG	NEK
GEZICHT	NEUS
VINGER	SCHOUDER
HAND	HUID

51 - Musical Instruments

```
S  K  R  L  G  N  Z  D  L  T  F  T  L  N  Z
M  A  L  P  X  I  J  W  P  R  Y  R  B  J  H
M  A  X  O  B  O  H  X  P  O  T  O  G  A  F
T  K  R  O  K  J  G  P  V  M  Y  M  N  C  T
G  X  A  I  F  K  D  J  O  M  T  P  O  H  I
Q  P  A  Q  M  O  E  X  V  E  I  E  G  A  R
J  C  T  W  G  B  O  N  Z  L  K  T  U  R  E
T  C  I  O  M  P  A  N  S  L  U  T  C  P  N
H  B  G  H  B  A  N  J  O  P  P  I  A  N  O
M  A  N  D  O  L  I  N  E  F  E  U  E  R  B
V  I  O  O  L  V  M  Q  O  O  L  L  E  C  M
P  E  R  C  U  S  S  I  E  F  P  F  J  V  O
P  A  V  Q  K  L  A  R  I  N  E  T  Z  Q  R
D  G  S  C  F  N  J  I  R  E  O  B  M  A  T
N  H  Y  F  H  P  H  N  X  F  D  B  P  Y  Q
```

BANJO	MANDOLINE
FAGOT	MARIMBA
CELLO	HOBO
KLOKKENSPEL	PERCUSSIE
KLARINET	PIANO
TROMMEL	SAXOFOON
FLUIT	TAMBOERIJN
GONG	TROMBONE
GITAAR	TROMPET
HARP	VIOOL

52 - Fruit

```
J N S A N A N A P E R Z I K A
J A E W C J Q S E A K P P A J
B A B C D A T S Q K D U O P F
W N N T T P A O M A N G O P K
V A P D O A S O R A K R E E I
I B I I O P R K R R W Z L L W
J J J G N C E I P L A O I G I
G K Q U S N K R N E O R T I C
D D W A O A O B E E E X M R L
C R L V K C Z A O Q A R X I L
P I U E O U K R L Z Y Y J T N
B Z W I K K R G E U L V B V T
A T F A F W Y C M L C D H M T
A V O C A D O F R A M B O O S
K V V Z I J V V X E V Z J D R
```

APPEL	KIWI
ABRIKOOS	CITROEN
AVOCADO	MANGO
BANAAN	MELOEN
BES	NECTARINE
KERS	PAPAJA
KOKOSNOOT	PERZIK
VIJG	PEER
DRUIF	ANANAS
GUAVE	FRAMBOOS

53 - Engineering

```
I  R  G  M  S  T  R  U  C  T  U  U  R  N  V
J  I  N  K  E  G  A  N  G  I  U  B  M  Z  L
B  U  I  X  J  T  C  A  M  D  B  H  V  S  O
O  B  W  P  G  N  I  N  E  K  E  R  E  B  E
U  M  U  K  Z  K  I  N  P  H  C  D  S  K  I
W  A  T  R  O  T  O  M  G  L  Y  I  W  F  S
H  C  S  A  J  K  J  M  A  R  G  A  I  D  T
E  H  T  C  L  T  J  V  G  H  K  M  P  O  O
F  I  R  H  V  E  I  G  R  E  N  E  R  O  F
B  N  O  T  E  I  T  U  B  I  R  T  S  I  D
O  E  O  H  G  Y  Y  P  G  S  J  E  M  I  I
M  H  V  F  O  K  R  U  E  L  C  R  C  A  K
E  E  A  W  F  E  N  R  D  I  E  S  E  L  R
N  Z  Z  G  Y  B  K  I  I  N  D  Q  P  W  M
S  T  A  B  I  L  I  T  E  I  T  V  A  D  I
```

HOEK	HEFBOMEN
AS	VLOEISTOF
BEREKENING	MACHINE
BOUW	METING
DIEPTE	MOTOR
DIAGRAM	VOORTSTUWING
DIAMETER	STABILITEIT
DIESEL	KRACHT
DISTRIBUTIE	STRUCTUUR
ENERGIE	

54 - Kitchen

```
G K E D H X N X H L P I X V I
J T K T M P O T G A U N Q O N
O V E N E Y L Q V T P E C E R
U A E R M N P L A Q G J T D K
V K U Z L H P M I O R I X S O
W O K O M S C H O R T R Y E E
W L R V R I E Z E R G E T L L
S E J K O T S T E E G C E E K
Q P A I E M Q V R S M E K T A
R E W U T N P A T X S P O E S
S L F R S E N X D N U S U K T
P S S K A S B J M T J T P C A
O O G X Y S I S N T S V R U P
N Z J R T E M S E R V E T P A
S F A H Y M M B F D Z B T L P
```

SCHORT	KETEL
KOM	MESSEN
EETSTOKJES	SERVET
CUP	OVEN
VOEDSEL	RECEPT
VORKEN	KOELKAST
VRIEZER	SPECERIJEN
GRILL	SPONS
POT	LEPELS
KRUIK	ETEN

55 - Government

```
P  Z  O  N  O  M  V  G  S  K  Z  P  A  C  C
I  J  I  R  Y  Q  R  M  X  O  F  I  S  N  F
R  U  S  T  I  G  I  J  O  X  D  P  T  Q  E
B  G  Z  M  D  F  J  S  G  N  B  M  A  E  K
U  N  E  M  R  F  H  J  I  F  U  X  A  M  J
R  A  I  L  D  L  E  E  B  W  Z  M  T  O  I
G  T  T  T  I  C  I  D  Q  F  H  O  E  C  L
E  I  A  E  X  J  D  Z  T  V  J  D  W  N  E
R  O  R  W  P  E  K  E  I  T  I  L  O  P  T
S  N  C  D  S  Y  J  H  L  W  O  E  M  A  H
C  A  O  N  A  T  I  E  E  P  K  I  Q  F  C
H  A  M  O  O  A  W  O  W  I  J  V  I  N  E
A  L  E  R  Z  W  A  G  R  E  D  I  E  L  R
P  G  D  G  S  Y  M  B  O  O  L  C  J  S  E
K  B  X  O  X  T  O  E  S  P  R  A  A  K  G
```

BURGERSCHAP   VRIJHEID
CIVIEL   MONUMENT
GRONDWET   NATIE
DEMOCRATIE   NATIONAAL
WIJK   RUSTIG
GELIJKHEID   POLITIEK
GERECHTELIJK   TOESPRAAK
WET   STAAT
LEIDER   SYMBOOL

56 - Art Supplies

```
E  U  R  U  O  M  O  G  X  Q  K  J  N  I  V
K  L  E  U  R  E  N  L  L  T  L  E  Z  E  I
E  L  T  A  F  E  L  O  I  N  E  F  Q  L  V
C  Y  A  L  O  K  P  O  B  E  I  Y  Z  S  E
A  R  W  N  E  N  A  K  O  D  H  Q  K  C  R
Q  C  E  I  B  O  P  S  R  O  O  W  L  O  F
U  A  C  A  S  P  I  T  S  L  E  O  T  S  A
A  R  R  J  T  J  E  U  T  T  K  T  Q  J  W
R  E  K  S  X  I  R  O  E  O  K  Z  Q  F  R
E  M  V  P  B  D  V  H  L  P  D  N  J  V  T
L  A  L  I  J  M  C  I  S  E  N  H  I  H  E
L  C  P  G  C  P  E  S  T  C  J  I  I  B  U
E  E  Q  I  D  E  E  Ë  N  E  H  V  S  U  F
N  N  H  R  G  C  F  E  V  U  I  U  C  O  D
M  D  X  Q  Y  S  W  K  M  R  E  T  M  T  F
```

ACRYL	LIJM
BORSTELS	IDEEËN
CAMERA	INKT
STOEL	OLIE
HOUTSKOOL	VERF
KLEI	PAPIER
KLEUREN	POTLODEN
CREATIVITEIT	TAFEL
EZEL	WATER
GOM	AQUARELLEN

57 - Science Fiction

```
B  E  I  T  S  U  E  I  R  E  T  S  Y  M  F
E  I  S  U  L  L  I  P  D  O  T  J  T  F  D
O  E  O  M  G  I  D  L  E  E  B  K  N  E  D
R  I  F  S  N  X  Z  C  A  F  D  O  U  B  F
A  C  J  N  C  K  L  O  N  E  N  N  T  U  U
K  I  X  L  L  O  E  X  T  R  E  E  M  S  T
E  T  T  E  M  V  O  N  X  M  H  X  E  D  U
L  I  A  N  D  P  M  P  H  R  A  A  X  Y  R
T  E  C  H  N  O  L  O  G  I  E  T  P  S  I
U  Q  Z  E  A  L  O  N  L  W  S  O  L  T  S
I  T  U  C  R  W  E  R  E  L  D  O  O  O  T
Q  Y  O  Z  B  S  V  A  L  T  J  M  S  P  I
B  T  W  P  P  L  A  N  E  E  T  P  I  I  S
G  H  C  S  I  T  S  A  T  N  A  F  E  E  C
G  B  L  H  N  E  K  E  O  B  T  Y  R  T  H
```

ATOOM	ILLUSIE
BOEKEN	DENKBEELDIG
BIOSCOOP	MYSTERIEUS
KLONEN	ORAKEL
DYSTOPIE	PLANEET
EXPLOSIE	ROBOTS
EXTREEM	TECHNOLOGIE
FANTASTISCH	UTOPIE
BRAND	WERELD
FUTURISTISCH	

58 - Geometry

```
R O L B M N G Q H X O Y G P J
X P E S P Y N A A I D E M B Y
R E T E M A I D W P J I B N J
X K H H G O K E O H I R H M R
Y L W D N W J C T M J T O I Z
M O I D I V I Z T M U E R S L
Q P T R N M L Z H X P M I E O
C P H I E L E K R I C M Z G G
U E E E K L G N Z Q V Y O M I
R R O H E S R N S U E S N E C
V V R O R N E M U I X E T N A
E L I E E H V S A M E B A T G
F A E K B G Z P L S M X A V X
V K K H O O G T E G S E L C I
P A R A L L E L V J U A R M F
```

HOEK
BEREKENING
CIRKEL
CURVE
DIAMETER
DIMENSIE
VERGELIJKING
HOOGTE
HORIZONTAAL
LOGICA

MASSA
MEDIAAN
NUMMER
PARALLEL
SEGMENT
OPPERVLAK
SYMMETRIE
THEORIE
DRIEHOEK

59 - Creativity

```
I  B  O  J  N  F  X  H  S  V  D  I  V  K  I
V  N  E  I  P  L  K  B  P  E  R  N  A  T  N
L  Ë  T  E  O  E  W  F  O  R  A  S  A  R  T
O  E  U  U  L  L  K  M  N  B  M  P  R  J  E
E  E  I  T  Ï  D  G  J  T  E  A  I  D  D  N
I  D  T  A  G  T  D  G  A  E  T  R  I  I  S
B  I  D  R  E  F  I  N  A  L  I  A  G  E  I
A  Q  R  T  V  I  E  E  N  D  S  T  H  H  T
A  N  U  I  O  S  H  N  M  I  C  I  E  T  E
R  K  K  S  E  D  R  E  O  N  H  E  I  H  I
H  A  K  T  L  A  E  O  F  G  W  M  D  C  T
E  A  I  I  L  G  D  I  E  M  O  T  I  E  S
I  E  N  E  F  Y  L  S  I  N  D  R  U  K  H
D  E  G  K  Y  F  E  I  T  N  E  V  N  I  J
Q  X  Z  Z  P  Z  H  V  O  F  A  P  L  M  Q
```

ARTISTIEK	INDRUK
ECHTHEID	INSPIRATIE
HELDERHEID	INTENSITEIT
DRAMATISCH	INTUÏTIE
EMOTIES	INVENTIEF
UITDRUKKING	GEVOEL
VLOEIBAARHEID	VAARDIGHEID
IDEEËN	SPONTAAN
BEELD	VISIOENEN
VERBEELDING	

60 - Airplanes

```
R  H  I  A  P  R  O  P  E  L  L  E  R  S  O
O  I  O  F  T  O  O  L  I  P  L  H  N  S  N
T  W  C  O  L  M  M  C  I  B  L  O  H  A  T
O  F  X  H  G  L  O  U  Q  A  P  V  E  F  W
M  W  L  Q  T  T  D  S  Z  U  D  X  M  D  E
J  U  F  C  F  I  E  A  F  I  J  F  E  A  R
I  X  O  K  Y  J  N  U  P  E  P  T  L  L  P
M  Z  T  H  C  U  L  G  A  J  E  F  U  I  A
P  A  S  S  A  G  I  E  R  T  T  R  Q  N  V
T  A  D  H  Z  O  N  O  L  L  A  B  A  G  O
I  R  N  W  A  T  E  R  S  T  O  F  M  N  N
N  F  A  U  O  U  D  V  J  G  C  J  N  N  T
A  P  R  O  O  G  N  I  N  N  A  M  E  B  U
B  G  B  B  Z  D  A  I  X  A  Q  U  A  C  U
W  R  K  K  E  J  L  B  N  Y  X  M  G  I  R
```

AVONTUUR
LUCHT
ATMOSFEER
BALLON
BOUW
BEMANNING
AFDALING
ONTWERP
RICHTING

MOTOR
BRANDSTOF
HOOGTE
WATERSTOF
LANDEN
PASSAGIER
PILOOT
PROPELLERS
HEMEL

61 - Ocean

```
O  Q  J  K  A  I  M  U  L  Y  I  G  S  F  E
E  Y  L  O  N  P  Z  L  F  Y  P  D  U  R  Q
S  N  F  R  E  I  W  E  E  Z  X  Z  P  S  S
T  K  M  A  G  E  T  I  J  D  E  N  O  X  U
E  F  P  A  L  A  W  K  R  E  L  J  T  U  C
R  G  T  L  A  A  C  N  D  H  I  I  C  J  T
E  P  Q  Q  A  D  A  T  A  P  S  N  O  P  S
Y  L  F  G  M  A  R  V  C  O  I  O  F  L  I
R  S  K  T  K  P  N  S  K  J  V  T  K  I  F
H  K  C  U  K  D  G  R  M  S  M  Z  U  D  N
W  R  A  J  E  L  Y  Q  A  W  T  U  Z  A  N
K  R  A  B  L  I  A  A  H  G  C  O  Z  U  B
Z  E  C  J  F  H  R  I  F  P  P  K  R  L  X
B  R  S  J  N  C  W  A  L  V  I  S  Z  M  V
D  W  K  J  A  S  D  O  L  F  I  J  N  Y  K
```

ALGEN	ZOUT
KORAAL	ZEEWIER
KRAB	HAAI
DOLFIJN	GARNAAL
AAL	SPONS
VIS	STORM
KWAL	GETIJDEN
OCTOPUS	TONIJN
OESTER	SCHILDPAD
RIF	WALVIS

62 - Force and Gravity

```
F  L  X  U  R  R  M  M  I  L  X  U  D  W  D
N  B  X  I  U  N  E  L  L  E  N  S  R  E  V
G  K  C  A  J  G  C  H  B  E  B  D  A  H  D
N  A  A  B  E  N  H  U  S  S  Q  V  T  C  W
I  A  Q  P  Q  I  A  M  Q  R  X  D  G  S  V
K  M  T  M  P  D  N  S  N  E  L  H  E  I  D
K  A  G  U  C  I  I  R  W  V  A  O  W  M  J
E  G  E  R  U  E  C  H  X  I  F  I  R  A  I
D  N  N  T  G  R  A  U  N  N  S  M  I  N  T
T  E  E  N  Z  B  K  F  A  U  T  P  J  Y  H
N  T  R  E  I  T  U  U  H  K  A  A  V  D  C
O  I  E  C  Z  I  R  F  N  T  N  C  I  N  I
R  S  R  U  P  U  D  O  W  D  D  T  N  N  W
I  M  E  Q  F  W  M  S  B  L  E  V  G  N  E
T  E  N  E  I  G  E  N  D  O  M  M  E  N  G
```

AS	BAAN
CENTRUM	NATUURKUNDE
ONTDEKKING	DRUK
AFSTAND	EIGENDOMMEN
DYNAMISCH	SNELHEID
UITBREIDING	TIJD
WRIJVING	VERSNELLEN
IMPACT	GENEREREN
MAGNETISME	UNIVERSEEL
MECHANICA	GEWICHT

63 - Birds

```
D M S X S C U R G B F V T D F
P A P E G A A I A A R K Y Q L
I Y C E L F L F X X I Y F A A
H E Y E V H T P H K K R T A M
S T R U I S V O G E L I I D I
U P M E E U W K H J J O P E N
M Q E X F R G P O E K O P L G
L U A L L Y F D G E X G A A O
M Y P N I Z J B F Z K S U A U
E E N D V K A V K I X O W R A
L Y Z O R A A V E I O O E X D
K A N A R I E A F R P F S K P
R E I G E R S S N Ï U G N I P
S S E H W T O E K A N L A D X
S I D R U Q H Z W A A N G U F
```

KANARIE
KIP
KRAAI
KOEKOEK
EEND
ADELAAR
EI
FLAMINGO
GANS
MEEUW

REIGER
STRUISVOGEL
PAPEGAAI
PAUW
PELIKAAN
PINGUÏN
MUS
OOIEVAAR
ZWAAN
TOEKAN

64 - Art

```
C  R  E  Ë  R  E  N  I  U  N  R  D  M  J  E
H  C  S  I  M  A  R  E  K  E  Y  R  X  A  E
V  U  V  I  S  U  E  E  L  J  M  E  X  N  R
C  L  M  J  S  Z  U  G  C  I  G  E  K  H  L
D  O  N  E  R  E  T  T  E  R  T  R  O  P  I
A  O  M  A  U  G  R  K  I  E  M  I  E  O  J
H  B  Q  P  L  R  X  W  Z  D  E  P  F  N  K
S  M  D  Q  L  S  X  C  Ë  L  Q  S  O  D  A
K  Y  B  P  G  E  U  T  O  I  E  N  H  E  H
I  S  L  U  R  O  X  B  P  H  O  Ï  L  R  J
O  R  I  G  I  N  E  E  L  C  O  E  P  W  M
F  I  G  U  U  R  H  A  P  S  C  G  V  E  C
S  A  M  E  N  S  T  E  L  L  I  N  G  R  C
C  S  U  R  R  E  A  L  I  S  M  E  P  P  B
E  E  N  V  O  U  D  I  G  S  R  A  R  Y  X
```

KERAMISCH	SCHILDERIJEN
COMPLEX	POËZIE
SAMENSTELLING	PORTRETTEREN
CREËREN	EENVOUDIG
FIGUUR	ONDERWERP
EERLIJK	SURREALISME
GEÏNSPIREERD	SYMBOOL
HUMEUR	VISUEEL
ORIGINEEL	

65 - Nutrition

```
N X B L E N I X O T G R W V K
L F Q Y I E P W V Y E D G Q O
G O T J T X E X P A Z Y E T O
R E Y I A W L T X Z O F W L L
E I W I T T E N B X N Q I E H
T D M L N F O A X A D U C H Y
T I M T E E I B L R A D H B D
I E H I M Q I L B L X R T U R
B E U E R C A L O R I E Ë N A
E T K T E V I T A M I N E N T
Y R M I F E E T L U S T S A E
N N V L O E I S T O F F E N N
S M A A K S P E C E R I J E N
H X K W E V E N W I C H T I G
Y N M K S A U S B F Q W O T M
```

EETLUST
EVENWICHTIG
BITTER
CALORIEËN
KOOLHYDRATEN
DIEET
EETBAAR
FERMENTATIE
SMAAK

GEZOND
VLOEISTOFFEN
EIWITTEN
KWALITEIT
SAUS
SPECERIJEN
TOXINE
VITAMINE
GEWICHT

66 - Hiking

```
R G O X A O H L A A R Z E N G
H N R E T A W F H P L N E E E
E I I E M A D F G J B A X R V
U D Ë W B I T R I A L T I E A
F I N E R E I D D J F U Q P R
H E T R A A K L S A S U C M E
X R A Z T T K I E O P R L A N
F E T B O A U W N A Q A W K E
X B I E P P A R K E N Z F R N
F R E O M N E M F F L W O Z E
P O A U H L U E I U Q A G X T
O O E M R I P L L L L A Q L S
I V C F L Z V T K V K R V F T
E N R P M Y O P F Q F K A V Q
D L T B K Y E N Q O E E Q Z Z
```

DIEREN

LAARZEN

KAMPEREN

KLIF

KLIMAAT

GIDSEN

GEVAREN

ZWAAR

KAART

BERG

NATUUR

ORIËNTATIE

PARKEN

VOORBEREIDING

STENEN

TOP

ZON

MOE

WATER

WILD

67 - Professions #1

```
A Q I Z L L S Q P Z W N E E T
M D J R B W R P I L T T S Q K
U E V H R U E D A S S A B M A
Z B P O K P I X N O I A I O O
I N G V C P K V I O W L T L Z
K H G D Q A N S S R E G A J Y
A E A J V W A G T T N I L N I
N D S T U L B T G A N B C V Q
T I T G I W O A I M V P Y R X
Z T R G E R E T E I G D O O L
P O O Q Z O F L T R A I N E R
M R N J C X L M I D A N S E R
S K O D J E A O R E T K O D E
D V O F A A R G O T R A C E O
G U M D H F X N U G F F K H M
```

AMBASSADEUR
ASTRONOOM
ADVOCAAT
BANKIER
CARTOGRAAF
TRAINER
DANSER
DOKTER

EDITOR
GEOLOOG
JAGER
JUWELIER
MUZIKANT
PIANIST
LOODGIETER
MATROOS

68 - Barbecues

```
X V Q O E Z S A L A D E S V I
R T T C R O M S E T N E O R G
U O A C E M T M R U B C R I Q
K F G X N E T A M O T I Y E U
N Z L L I R G M U Z I E K N L
R M K E D R F W Z L V K Y D Q
C X T I S A U S S P O I Z E V
X O T L P R E W S V R N W N Z
G E K I E R L B Y P K D R O K
M R R M F R U I T T E E H N U
S E C A G M C I K K N R T X Q
A G S F P A H N L U V E C Y M
B N L S J U M M O O Q N D H U
P O O O E O O E V O E D S E L
K H I G G N P I S M E P M X H
```

KIP	HEET
KINDEREN	HONGER
DINER	MESSEN
FAMILIE	MUZIEK
VOEDSEL	SALADES
VORKEN	ZOUT
VRIENDEN	SAUS
FRUIT	ZOMER
GAMES	TOMATEN
GRILL	GROENTE

69 - Chocolate

```
H  M  S  T  S  N  A  C  Y  A  I  M  P  C  H
C  F  A  V  O  R  I  E  T  E  O  Z  I  A  E
S  A  D  L  A  U  A  N  R  Y  T  Z  R  C  E
I  T  L  J  M  O  B  R  E  Q  N  A  E  A  R
T  S  T  O  O  N  S  O  K  O  K  U  C  O  L
O  K  N  Z  R  E  T  T  I  B  I  F  E  L  I
X  W  E  O  A  I  P  C  U  Z  F  K  P  E  J
E  A  T  A  E  C  E  I  S  G  K  R  T  M  K
Q  L  E  A  E  P  D  Ë  W  P  S  M  A  A  K
X  I  N  O  G  L  A  A  N  A  S  I  T  R  A
R  T  N  E  W  N  I  C  C  P  I  N  D  A  S
L  E  Y  M  K  I  D  J  H  J  Y  W  N  K  Z
X  I  A  N  T  I  O  X  I  D  A  N  T  K  F
B  T  I  N  G  R  E  D  I  Ë  N  T  O  N  I
B  L  O  W  E  S  B  Y  Z  I  N  T  X  A  H
```

ANTIOXIDANT	EXOTISCH
AROMA	FAVORIET
ARTISANAAL	INGREDIËNT
BITTER	PINDA'S
CACAO	KWALITEIT
CALORIEËN	RECEPT
SNOEP	SUIKER
KARAMEL	ZOET
KOKOSNOOT	SMAAK
HEERLIJK	ETEN

70 - Vegetables

```
K  K  G  G  S  E  D  Q  M  B  N  V  W  X  X
K  N  E  E  D  A  I  S  F  K  H  C  O  Y  W
Q  O  S  M  O  C  L  B  J  M  A  J  R  Q  Q
B  F  K  B  K  A  E  A  Y  A  Y  F  T  V  F
R  L  G  E  O  U  O  D  D  Q  L  Q  E  W  A
O  O  Y  R  M  B  T  W  R  E  D  O  L  E  Q
C  O  U  I  K  E  S  Z  Y  T  U  K  T  C  S
C  K  R  I  O  R  E  P  O  M  P  O  E  N  E
O  G  A  D  M  G  D  M  C  S  B  J  I  S  L
L  A  A  B  M  I  D  G  V  Q  O  S  Z  P  D
I  M  P  O  E  N  A  Q  A  O  Q  I  A  C  E
X  A  X  O  R  E  P  V  F  H  I  T  N  I  R
B  L  O  E  M  K  O  O  L  Z  Y  R  I  M  I
P  E  T  E  R  S  E  L  I  E  E  A  P  P  J
R  A  D  I  J  S  T  O  M  A  A  T  S  R  S
```

ARTISJOK	UI
BROCCOLI	PETERSELIE
WORTEL	ERWT
BLOEMKOOL	POMPOEN
SELDERIJ	RADIJS
KOMKOMMER	SALADE
AUBERGINE	SJALOT
KNOFLOOK	SPINAZIE
GEMBER	TOMAAT
PADDESTOEL	RAAP

71 - The Media

```
I  N  D  I  V  I  D  U  E  E  L  K  C  C  F
I  A  H  C  I  I  M  U  K  M  Y  R  H  O  I
T  I  J  D  S  C  H  R  I  F  T  E  N  M  N
I  D  I  G  G  Z  H  B  T  K  Q  W  E  M  A
S  B  U  P  P  X  C  O  Y  N  L  T  T  U  N
Z  G  D  T  X  B  J  E  U  V  E  E  N  N  C
I  N  D  U  S  T  R  I  E  D  E  N  A  I  I
F  X  C  F  N  L  P  Y  N  E  I  R  R  C  E
Z  V  L  P  E  I  E  F  I  D  C  N  K  A  R
R  A  D  I  O  I  I  H  L  I  R  L  G  T  I
C  R  F  J  P  L  T  R  N  T  E  O  N  I  N
P  U  B  L  I  E  K  E  O  I  M  K  I  E  G
D  I  G  I  T  A  A  L  N  E  M  A  N  Z  A
Z  L  S  J  I  W  R  E  D  N  O  A  E  B  E
I  J  L  M  K  M  X  I  J  R  C  L  M  N  Q
```

HOUDING	INDUSTRIE
COMMERCIEEL	LOKAAL
COMMUNICATIE	TIJDSCHRIFTEN
DIGITAAL	NETWERK
EDITIE	KRANTEN
ONDERWIJS	ONLINE
FEITEN	MENING
FINANCIERING	PUBLIEK
INDIVIDUEEL	RADIO

72 - Boats

```
B  W  I  B  M  N  Z  P  H  A  C  P  W  D  Z
U  U  B  O  O  G  D  T  I  C  N  D  S  K  E
O  O  H  E  T  N  O  T  R  M  F  K  X  Q  I
M  T  C  I  O  I  D  Y  A  D  V  J  E  F  L
N  H  S  E  R  N  P  A  G  X  O  K  E  R  B
U  C  I  G  A  N  Z  B  F  A  Y  T  Z  E  O
A  A  T  Z  J  A  O  M  E  E  R  G  Z  I  O
P  J  U  J  T  M  N  C  R  D  W  F  F  V  T
D  E  A  M  W  E  A  M  W  D  U  H  X  I  M
M  A  N  N  N  B  K  S  J  O  B  N  T  R  A
V  E  E  R  B  O  O  T  T  K  X  R  B  Y  T
I  U  S  X  H  L  K  O  Q  K  B  Y  B  Z  R
C  O  I  T  W  V  R  L  K  A  J  A  K  D  O
X  D  G  B  X  Q  L  V  O  M  S  R  R  X  O
R  E  D  D  I  N  G  S  B  O  O  T  R  H  S
```

ANKER	MAST
BOEI	NAUTISCH
KANO	OCEAAN
BEMANNING	VLOT
DOK	RIVIER
MOTOR	TOUW
VEERBOOT	ZEILBOOT
KAJAK	MATROOS
MEER	ZEE
REDDINGSBOOT	JACHT

73 - Activities and Leisure

```
T W S D E U J S H B G A D W O
S U A G O L A U O F R Q F Y B
N H I N I F E R N A A C L S A
U E E N D I F F K J C X A L N
K N Y P I E N E B I E B B A E
N G Z K O E L N A R N F T B N
G E K W K Y R E L E G E E T E
O L A C E B L E N D U I K E N
L S M D M M M Q N L T E S O N
F P P Q H W M P V I E L A V A
E O E N N H Y E U H N J B M P
R R R U R O K S N C N G S S S
E T E K G B Z Y G S I F A T T
I R N O Z B D X E Y S Z L I N
S C W A K Y B O K S E N B R O
```

KUNST

HONKBAL

BASKETBAL

BOKSEN

KAMPEREN

DUIKEN

HENGELSPORT

TUINIEREN

GOLF

WANDELEN

HOBBY

SCHILDERIJ

RACEN

ONTSPANNEN

VOETBAL

SURFEN

ZWEMMEN

TENNIS

REIS

74 - Driving

```
S V A S C P J C U A K R V V V
I N F S C V O T U A V E R O E
B L E N N U T L D I G M A E R
R M J L H K O C I L A M C T K
A O F D H V X Y E T S E H G E
N T S F Q E K S H R I N T A E
D O S L F G I L G A O E A N R
S R A A V E G D I A F I U G X
T F O K X I E L L K K T T E M
O I I T P N W R I C S N O R C
F E J I O D E A E Y F E V I E
K T Z M Q M N R V G H C T L P
B S C H A U F F E U R I I D V
G A R A G E M Y J S I L B X U
D J H M O N G E L U K N G W Q
```

ONGELUK   MOTOR
REMMEN   MOTORFIETS
AUTO   VOETGANGER
GEVAAR   POLITIE
CHAUFFEUR   WEG
BRANDSTOF   VEILIGHEID
GARAGE   SNELHEID
GAS   VERKEER
LICENTIE   VRACHTAUTO
KAART   TUNNEL

75 - Biology

```
S  P  A  N  Y  S  D  E  T  Q  G  E  C  E  Z
N  Ë  I  R  E  T  C  A  B  E  D  N  O  V  O
R  L  K  L  K  U  Z  Y  G  I  H  Z  L  O  O
L  E  I  T  P  E  R  I  U  W  O  Y  L  L  G
O  D  N  D  C  E  L  O  I  I  R  M  A  U  D
G  B  B  L  I  S  Z  Y  N  T  M  O  G  T  I
M  O  O  S  O  M  O  R  H  C  O  L  E  I  E
Z  R  I  G  H  L  R  B  T  X  O  Y  E  E  R
S  B  F  N  A  L  J  M  T  X  N  B  N  A  O
M  B  V  Y  J  L  R  E  S  O  I  B  M  Y  S
H  F  O  T  O  S  Y  N  T  H  E  S  E  Q  H
X  L  N  A  T  U  U  R  L  I  J  K  W  Y  W
O  S  M  O  S  E  A  N  A  T  O  M  I  E  M
I  D  R  M  U  T  A  T  I  E  Z  E  N  U  W
G  G  H  X  O  J  A  B  Q  P  H  X  E  G  E
```

ANATOMIE	MUTATIE
BACTERIËN	NATUURLIJK
CEL	ZENUW
CHROMOSOOM	NEURON
COLLAGEEN	OSMOSE
EMBRYO	FOTOSYNTHESE
ENZYM	EIWIT
EVOLUTIE	REPTIEL
HORMOON	SYMBIOSE
ZOOGDIER	SYNAPS

76 - Professions #2

```
R N Q A W S U A M K I M I J K
E R O T A R T S U L L I N O K
K S Y B D F Z T T I R V G U X
E C S N F B O R S B S S E R X
O J L O W I J O I I C A N N C
Z R L Y H O T N S D H P I A H
R A A R E L N A J O I E E L I
E M V F R O A U C T L V U I R
D R H R D O M T H A D I R S U
N T S Ï U G N I L N E T F T R
O X H T P W I V Z D R C U V G
D L G F R I U M N A Z E W D H
O F D E G A T D R R G T O V Z
U I T V I N D E R T N E I B P
K P I L O O T M E S L D O G H
```

ASTRONAUT
BIOLOOG
TANDARTS
DETECTIVE
INGENIEUR
BOER
TUINMAN
ILLUSTRATOR
UITVINDER

JOURNALIST
LINGUÏST
SCHILDER
FILOSOOF
ARTS
PILOOT
ONDERZOEKER
CHIRURG
LERAAR

77 - Mythology

```
M Y L W O L F F C W P W G D X
A O F E I Z E O L A J R O O T
Z R L Z M T U H M N E A D N F
E M C E P E M L H X I A H D W
U U G N V A H O C C T K E E S
M O N S T E R O G R A A D R T
S T Q P X S T D V A E P E H E
R E G J I R K V V M R E N E R
O U V H F U X B C P C D G L F
L P U K R A C H T S G N E D E
E P Y T E H C R A F G E K G L
P C O T L J M G S G P G T Y I
O V E R T U I G I N G E N O J
E Y Q T P K C G E Y Y L K G K
B L I K S E M Q H N K S N H R
```

ARCHETYPE	JALOEZIE
GEDRAG	DOOLHOF
OVERTUIGINGEN	LEGENDE
CREATIE	BLIKSEM
WEZEN	MONSTER
CULTUUR	STERFELIJK
GODHEDEN	WRAAK
RAMP	KRACHT
HEMEL	DONDER
HELD	KRIJGER

78 - Agronomy

```
E  I  G  R  E  N  E  I  D  U  T  S  G  Z  H
R  E  N  O  Q  S  Z  N  T  M  Q  M  R  A  M
O  O  I  C  N  T  P  I  S  U  U  P  O  D  L
S  R  L  F  E  F  A  V  E  U  E  T  E  E  M
I  G  I  W  M  L  H  L  U  K  I  G  N  N  E
E  W  U  O  E  E  C  N  H  A  T  R  T  Y  F
V  A  V  W  T  S  S  K  Y  G  C  E  E  K  C
Q  T  R  P  S  D  N  T  V  S  U  E  N  R  T
G  E  E  L  Y  E  E  L  A  N  D  B  O  U  W
J  R  V  H  S  O  T  E  I  R  O  N  K  X  U
D  T  G  N  I  V  E  G  M  O  R  M  Z  J  C
W  L  Z  D  G  N  W  Y  E  Y  P  L  I  Q  S
E  C  O  L  O  G  I  E  P  L  A  N  T  E  N
O  R  G  A  N  I  S  C  H  C  H  E  I  C  J
L  A  N  D  E  L  I  J  K  U  D  V  J  B  J
```

LANDBOUW	PLANTEN
ZIEKTEN	VERVUILING
ECOLOGIE	PRODUCTIE
ENERGIE	LANDELIJK
OMGEVING	WETENSCHAP
EROSIE	ZADEN
MEST	STUDIE
VOEDSEL	SYSTEMEN
GROEI	GROENTE
ORGANISCH	WATER

79 - Hair Types

```
V  W  H  N  S  X  Q  G  D  G  G  T  O  J  K
L  I  V  L  N  E  T  H  C  O  L  V  E  G  R
E  T  V  D  N  E  M  M  I  L  G  L  E  C  U
C  F  Z  A  C  H  T  P  P  V  C  N  H  H  L
H  B  U  J  K  S  K  J  S  E  B  K  A  Q  L
T  B  A  C  S  J  I  R  G  N  R  W  J  T  E
E  L  M  K  D  M  D  U  N  D  U  K  N  H  N
N  D  A  A  O  G  N  T  E  C  I  R  B  U  I
T  Y  T  N  D  E  O  K  J  K  N  U  A  M  T
K  D  I  O  G  Z  L  O  T  W  L  L  V  P  C
K  A  A  J  K  O  B  D  R  U  E  L  K  E  G
Z  E  A  C  O  N  X  E  A  D  W  E  G  H  G
D  F  M  L  R  D  F  R  W  T  X  N  E  D  M
C  E  E  E  T  Z  P  Z  Z  M  C  D  Y  Z  A
V  U  P  E  U  A  S  C  A  O  D  U  G  O  Z
```

KAAL
ZWART
BLOND
GEVLOCHTEN
VLECHTEN
BRUIN
GEKLEURD
KRULLEN
KRULLEND
DROOG

GRIJS
GEZOND
LANG
GLIMMEND
KORT
ZACHT
DIK
DUN
GOLVEND
WIT

80 - Garden

```
L H B O L J D X M F T G W H R
J A U W F B I B D U G A W E S
G N E F V A U R O P P R I K T
M G K K I U R T S O G A J N R
H M Z R J P K G Y H M G N A A
N A L A V I N O U C W E S B M
G T X H E L O L N S A C T S P
L R F D R A A G M O O B O V O
E P A F T H J N N I U T K L L
O M H S E L C E O A L Y A E I
F R E M R F Q Z Z L L X G N N
Q M J L R N B M A D D S T T E
Q A H N A K T Y G N Q D A Z U
M L Z R S B L O E M P Q Z F F
V E R A N D A E O A O A L J P
```

BANK	BOOMGAARD
STRUIK	VIJVER
HEK	VERANDA
BLOEM	HARK
GARAGE	SCHOP
TUIN	TERRAS
GRAS	TRAMPOLINE
HANGMAT	BOOM
SLANG	WIJNSTOK
GAZON	ONKRUID

81 - Diplomacy

```
I  Y  D  I  E  H  G  I  L  I  E  V  F  A  A
N  W  E  Y  I  C  U  X  F  I  T  J  W  D  M
T  Q  K  E  I  T  A  M  O  L  P  I  D  V  B
E  D  M  G  Y  P  T  E  A  H  G  L  M  I  A
G  B  G  N  I  K  R  E  W  N  E  M  A  S  S
R  U  I  I  A  T  U  M  L  G  I  G  D  E  S
I  R  Y  N  V  L  E  Q  V  N  K  T  X  U  A
T  G  D  I  S  C  U  S  S  I  E  R  A  R  D
E  E  I  T  U  L  O  S  E  R  I  B  J  I  E
I  R  V  E  R  D  R  A  G  E  H  W  Q  R  R
T  S  O  T  V  B  Q  Y  Q  G  T  N  E  I  X
J  A  C  P  A  H  C  S  N  E  E  M  E  G  Z
C  O  N  F  L  I  C  T  T  R  F  H  V  K  C
A  M  B  A  S  S  A  D  E  U  R  I  I  X  O
B  U  R  G  E  R  L  I  J  K  P  Y  M  I  V
```

ADVISEUR

AMBASSADEUR

BURGERS

BURGERLIJK

GEMEENSCHAP

CONFLICT

SAMENWERKING

DIPLOMATIEK

DISCUSSIE

AMBASSADE

ETHIEK

REGERING

HUMANITAIR

INTEGRITEIT

RESOLUTIE

VEILIGHEID

VERDRAG

82 - Countries #1

```
N H G N V C P M X J T D F J S
Ë I B I L J R O K L J N Y B P
G N C M V V Ë I L I Z A R B A
N A V A O A Z K Ë E Q L L F N
R O H J R N K H A V N S E I J
O K O N K A Z V R E P T T N E
E K U R S E G F S N P I L L T
M O O E W N L U I E O U A A P
E R J G M E A E A Z B D N N Y
N A L P B N G A D U N M D D G
I M T D T R E E A E I R A K E
Ë I L A T I N A N L R T W K D
A M K O W X E P A A M A N A P
U H B G E H S R C V G Q L V X
V I E T N A M Z Z W C L A T H
```

BRAZILIË
CANADA
EGYPTE
FINLAND
DUITSLAND
IRAK
ISRAËL
ITALIË
LETLAND
LIBIË

MAROKKO
NICARAGUA
NOORWEGEN
PANAMA
POLEN
ROEMENIË
SENEGAL
SPANJE
VENEZUELA
VIETNAM

83 - Adjectives #1

```
M  I  R  Y  Z  W  T  R  T  S  S  P  A  K  B
J  W  Z  F  W  W  C  K  J  S  U  D  R  M  E
N  W  H  X  A  B  H  L  J  F  E  W  T  L  H
A  Y  H  I  A  Q  H  A  B  D  I  V  I  H  U
Q  Y  U  C  R  K  H  R  N  G  T  P  S  S  L
A  G  I  T  S  N  R  E  P  A  I  U  T  L  P
N  F  O  K  J  I  L  R  E  E  B  L  I  L  Z
D  Z  O  B  J  H  T  M  D  I  M  A  E  I  A
U  O  M  T  U  U  L  O  S  B  A  N  K  D  A
X  O  N  W  S  N  U  D  X  E  R  G  A  E  M
R  J  B  K  F  W  G  E  O  E  X  Z  T  N  E
E  D  E  L  E  U  Z  R  B  R  T  A  E  T  J
L  U  U  H  N  R  S  N  D  S  U  A  L  I  A
G  E  L  U  K  K  I  G  T  E  Q  M  X  E  K
A  A  N  T  R  E  K  K  E  L  I  J  K  K  K
```

ABSOLUUT	ZWAAR
AMBITIEUS	BEHULPZAAM
ARTISTIEK	EERLIJK
AANTREKKELIJK	IDENTIEK
MOOI	MODERN
DONKER	ERNSTIG
EXOTISCH	LANGZAAM
GUL	DUN
GELUKKIG	

84 - Rainforest

```
O T D G B O T A N I S C H R D
V Z O O G D I E R E N H B B I
E L G N U J N A W O L K E N V
R K L I M A A T Y F R W I M E
L T O E V L U C H T X K T W R
E P H V H N S N Y H I I A D S
V M T U N Y M N E A O U R Z I
I N S C K I E Ë G T R C U J T
N B A G E M E E N S C H A P E
G V E T X I H I G O S E T D I
V O H H U O N B J M O X S M T
B G U G O U I I I K O R E N Y
V E P M H U R F X R R C R G I
C L O U T R D M G I T P T S A
D S A T G C G A R E S P E C T
```

AMFIBIEËN
VOGELS
BOTANISCH
KLIMAAT
WOLKEN
GEMEENSCHAP
DIVERSITEIT
INHEEMS
INSECTEN
JUNGLE

ZOOGDIEREN
MOS
NATUUR
BEHOUD
TOEVLUCHT
RESPECT
RESTAURATIE
SOORT
OVERLEVING

85 - Global Warming

```
W G G M N O F D E O W A G M C
L E Y J I I F Z U N E A E T B
Y H T R B L S H X T T N N U R
L J R G Y D I X R W E D E C E
A Q Z M E T W E Y I N A R L G
N C D V K V H L U K S C A B E
C R I S I S I G K K C H T H R
E I R T S U D N I E H T I S I
A R C T I S C H G L A R E A N
G E V O L G E N A I P T S A G
H E N E R G I E Q N P V U Z N
T O E K O M S T D G E U S W T
N E G N I R E D N A R E V F Q
K L I M A A T G E G E V E N S
F P I G W P O P U L A T I E S
```

ARCTISCH
AANDACHT
VERANDERINGEN
KLIMAAT
GEVOLGEN
CRISIS
GEGEVENS
ONTWIKKELING
ENERGIE
MILIEU

TOEKOMST
GAS
GENERATIES
REGERING
INDUSTRIE
WETGEVING
NU
POPULATIES
WETENSCHAPPER

86 - Landscapes

```
W O E S T I J N V F Q R C G W
R I E Y G R E B S J I I R L A
E M Z N R O R L B D J V A E T
M E E R E N P J L N D I X T E
C A V R B K A W E A B E H S R
S V T I G N X J Z R V R S J V
V C V E A K P T U T O R G E A
C U Z Q R K F I J S F O T R L
I I L V W F E Z D K P E G H S
X Q Z K Y F I S T Y Y D H A V
G D V X A K A A A R D N E O T
J S K O U A N R Y O N A U N I
W C J H B R N E B B M L V X E
O C E A A N Q O R E S I E G O
G E K I Q V P M U G Q E L M B
```

STRAND
GROT
WOESTIJN
GEISER
GLETSJER
HEUVEL
IJSBERG
EILAND
MEER
BERG

OASE
OCEAAN
RIVIER
ZEE
MOERAS
TOENDRA
VALLEI
VULKAAN
WATERVAL

87 - Visual Arts

```
I  M  H  Y  C  Q  F  D  O  O  L  T  O  P  F
A  R  C  H  I  T  E  C  T  U  U  R  B  E  I
B  E  E  L  D  H  O  U  W  W  E  R  K  R  L
E  G  N  I  L  L  E  T  S  N  E  M  A  S  M
I  Z  J  N  Q  T  X  N  E  U  P  A  N  P  D
I  O  E  H  O  U  T  S  K  O  O  L  R  E  F
L  I  M  L  T  Z  E  A  H  T  V  J  L  C  P
D  L  M  J  O  Y  E  W  J  G  R  D  P  T  O
O  X  L  X  F  F  G  E  E  C  Y  B  Y  I  R
A  R  T  I  E  S  T  O  M  K  L  E  I  E  T
X  O  Q  J  I  R  E  D  L  I  H  C  S  F  R
T  I  E  T  I  V  I  T  A  E  R  C  K  O  E
O  K  R  E  W  R  E  T  S  E  E  M  E  V  T
H  N  W  X  X  B  K  F  W  S  P  Z  D  Q  V
K  E  R  A  M  I  E  K  S  T  E  N  C  I  L
```

ARCHITECTUUR	MEESTERWERK
ARTIEST	SCHILDERIJ
KERAMIEK	PEN
KRIJT	POTLOOD
HOUTSKOOL	PERSPECTIEF
KLEI	FOTO
SAMENSTELLING	PORTRET
CREATIVITEIT	BEELDHOUWWERK
EZEL	STENCIL
FILM	WAS

88 - Plants

```
J I A O Y C O D J C P E L B G
B A M B O E Q T T E J I G L E
A Q E Q M G D J W S N N O O B
W I M V X V F N P H Q R L E L
K O B L O E M S U T C A C M A
L G R I A E B B Z K R T I B D
I R H T E A O Z O B T Y C L E
M A J X E A O R P S S N M A R
O S O M Y L M X T S E B A D T
P S T E N G E L U T M R R L E
X C A U J K J U I R J W O Q P
Y X Q I X H L M N U R N L K F
V E G E T A T I E I K Z F N Y
M T O T U E O M F K P N P E B
M C U X I Z X Y N F L L S X O
```

BAMBOE	BOS
BOON	TUIN
BES	GRAS
PLANTKUNDE	KLIMOP
STRUIK	MOS
CACTUS	BLOEMBLAD
MEST	WORTEL
FLORA	STENGEL
BLOEM	BOOM
GEBLADERTE	VEGETATIE

89 - Countries #2

```
J A M A I C A C A S Y R I Ë A
D E N E M A R K E N S T X J Z
O E K R A Ï N E C M A K I W N
S X G Y N B G Ë I P O I H T E
I P U A M D D I S K T J M F D
G R I E K E N L A N D A I M K
L I J S C P A A L I B A N O N
H A Ï T I A L M P Q Q O A C G
G W P H A K S O R A A E D I W
A N H E Z I U S U A J G E X Z
T L M P N S R O J L V A O E E
X P E N N T L A R B W N S M L
Z D I P T A N L D A A D D Y T
C M N C I N B B I N H A D E K
J J N I G E R I A I R E B I L
```

ALBANI	MEXICO
DENEMARKEN	NEPAL
ETHIOPIË	NIGERIA
GRIEKENLAND	PAKISTAN
HAÏTI	RUSLAND
JAMAICA	SOMALIË
JAPAN	SOEDAN
LAOS	SYRIË
LIBANON	OEGANDA
LIBERIA	OEKRAÏNE

90 - Adjectives #2

```
C H S E K P Q C B E R O E M D
R W L Z L G E Z O N D L I W I
E O A S F E I T C U D O R P N
A D P F T X G D R O O G Z N T
T N E L P E Y A X Q T G C A E
I E R Y D Z R A N G A V H T R
E V I P W O G K S T O R T U E
F J G I C U B E G A A F D U S
X I B G Q T M S W N X M F R S
D R A M A T I S C H G T H L A
N H H O N G E R I G S Q Y I N
I C H Z E G R J Z E H L M J T
E S J E G N I C O Y X V U K X
U E L B E A U T H E N T I E K
W B P V T T G U N H D G H N Z
```

AUTHENTIEK	HONGERIG
CREATIEF	INTERESSANT
BESCHRIJVEND	NATUURLIJK
DRAMATISCH	NIEUW
DROOG	PRODUCTIEF
ELEGANT	TROTS
BEROEMD	ZOUT
BEGAAFD	SLAPERIG
GEZOND	STERK
HEET	WILD

91 - Psychology

```
B  Z  G  N  I  L  E  D  R  O  O  E  B  G  J
D  N  H  C  D  M  D  R  G  L  N  G  F  E  E
P  E  R  C  E  P  T  I  E  E  D  T  E  D  U
L  M  E  E  L  B  O  R  P  I  E  D  S  A  G
S  O  K  K  E  T  X  O  P  H  R  K  O  C  D
E  R  V  A  R  I  N  G  E  N  B  L  O  H  S
T  D  M  E  X  E  O  S  I  Y  E  I  L  T  V
C  O  G  N  I  T  I  E  P  W  W  N  E  E  X
I  T  Z  N  U  I  K  I  A  K  U  I  T  N  I
L  G  I  Z  X  L  I  T  R  Z  S  S  S  N  S
F  H  E  Z  Z  A  N  O  E  Q  T  C  U  G  S
N  H  E  D  V  E  A  M  H  D  E  H  W  T  S
O  U  U  B  R  R  C  E  T  I  D  E  E  Ë  N
C  K  A  W  K  A  A  R  P  S  F  A  B  W  F
M  A  T  C  C  U  G  E  G  E  V  O  E  L  L
```

AFSPRAAK	ERVARINGEN
BEOORDELING	IDEEËN
GEDRAG	PERCEPTIE
JEUGD	PROBLEEM
KLINISCH	REALITEIT
COGNITIE	GEVOEL
CONFLICT	ONDERBEWUST
DROMEN	THERAPIE
EGO	GEDACHTEN
EMOTIES	BEWUSTELOOS

92 - Math

```
W  G  E  X  P  O  N  E  N  T  N  G  V  V  D
H  I  F  D  I  V  I  S  I  E  M  E  E  O  R
I  D  T  R  E  T  E  M  A  I  D  O  R  L  I
D  N  W  L  A  W  G  O  B  I  M  M  G  U  E
N  U  W  F  W  C  H  S  N  O  H  E  E  M  H
X  K  G  E  I  T  T  H  C  G  R  T  L  E  O
G  N  G  D  N  H  X  I  D  I  E  R  I  R  E
V  E  E  L  H  O  E  K  E  V  C  I  J  O  K
H  K  Q  E  I  O  V  F  G  I  H  E  K  M  B
O  E  D  L  A  A  R  T  S  E  T  R  I  T  M
E  R  Y  L  G  D  C  R  M  R  H  K  N  R  B
K  L  A  A  M  I  C  E  D  K  O  Y  G  E  T
E  A  S  R  E  F  J  I  C  A  E  Q  C  K  U
N  C  I  A  A  X  U  F  B  N  K  E  O  N  H
M  Q  P  P  I  A  E  I  R  T  E  M  M  Y  S
```

HOEKEN
REKENKUNDIG
OMTREK
DECIMAAL
DIAMETER
DIVISIE
VERGELIJKING
EXPONENT
FRACTIE
GEOMETRIE

CIJFERS
PARALLEL
VEELHOEK
STRAAL
RECHTHOEK
VIERKANT
SOM
SYMMETRIE
DRIEHOEK
VOLUME

93 - Activities

```
U  V  Y  T  Z  L  Y  L  X  C  L  D  Q  E  M
G  A  M  E  S  A  X  W  P  G  F  E  O  A  S
K  T  N  J  N  K  M  Q  T  G  G  B  Z  T  O
E  U  A  T  E  C  F  D  X  M  X  J  A  E  X
R  I  A  S  R  E  I  Z  E  L  P  A  R  A  N
A  N  I  N  E  L  E  D  N  A  W  C  G  C  L
M  I  E  U  P  I  U  K  M  X  V  H  M  T  X
I  E  N  K  M  P  F  X  V  A  Z  T  D  I  D
E  R  U  G  A  T  Z  A  G  O  G  J  C  V  A
K  E  R  G  K  N  P  I  R  H  H  I  Q  I  N
B  N  R  G  B  E  L  A  N  G  E  N  E  T  S
V  R  I  J  E  T  I  J  D  Z  O  M  N  E  E
H  E  N  G  E  L  S  P  O  R  T  T  X  I  N
A  M  B  A  C  H  T  E  N  C  Q  R  O  T  J
O  N  T  S  P  A  N  N  I  N  G  F  L  F  K
```

ACTIVITEIT	JACHT
KUNST	BELANGEN
KAMPEREN	VRIJE TIJD
KERAMIEK	MAGIE
AMBACHTEN	FOTOGRAFIE
DANSEN	PLEZIER
HENGELSPORT	LEZEN
GAMES	ONTSPANNING
TUINIEREN	NAAIEN
WANDELEN	

94 - Business

```
B Q Y N K H R E M E N K R E W
V R D I O B F U U C X P H B I
C E L M R W K Z P O N T B U N
K G T Q T E E C O N O M I E K
K A Y Z I H I G W O A H D F E
F N N L N N R K D O Y M M F L
C A U T G X B N L K P M G J G
L M E A O N A N E M O K N I U
F C B G B O F J G E O S I R B
V A L U T A R W W J K C T D V
F I N A N C I Ë N J R Y O E C
O K I R E V E G K R E W R B N
C A R R I È R E B D V N G J Y
I N V E S T E R I N G H E P D
H A N D E L S W A A R G B Y X
```

BEGROTING	FINANCIËN
CARRIÈRE	INKOMEN
BEDRIJF	INVESTERING
KOSTEN	MANAGER
VALUTA	HANDELSWAAR
KORTING	GELD
ECONOMIE	KANTOOR
WERKNEMER	VERKOOP
WERKGEVER	WINKEL
FABRIEK	

95 - The Company

I	E	Z	S	U	J	L	D	N	C	J	K	P	P	V
S	N	E	D	K	N	O	W	E	R	D	W	R	R	O
Q	J	V	N	O	B	O	D	T	E	I	A	E	O	O
G	Y	Y	E	H	P	N	V	S	A	E	L	S	F	R
J	W	S	R	S	E	U	T	M	T	H	I	E	E	U
I	S	Y	T	J	T	D	S	O	I	K	T	N	S	I
R	N	Z	Q	V	H	E	E	K	E	J	E	T	S	T
E	G	N	S	Z	F	P	R	N	F	I	I	A	I	G
P	L	P	O	A	M	I	Z	I	V	L	T	T	O	A
U	O	G	C	V	M	G	A	H	N	E	M	I	N	N
T	B	E	I	X	A	Z	A	I	I	G	U	E	E	G
A	A	Y	S	L	R	T	K	B	P	O	Q	O	E	Q
T	A	Y	I	J	U	D	I	W	F	M	M	J	L	L
I	L	E	R	K	N	E	R	E	R	E	N	E	G	Y
E	P	R	O	D	U	C	T	G	F	E	A	V	B	X

ZAAK
CREATIEF
GLOBAAL
INNOVATIEF
INVESTERING
MOGELIJKHEID
PRESENTATIE
PRODUCT
PROFESSIONEEL

VOORUITGANG
KWALITEIT
REPUTATIE
INKOMSTEN
RISICO'S
GENEREREN
TRENDS
EENHEDEN
LOON

96 - Literature

```
P  Ë  T  I  S  C  H  B  K  I  B  Y  T  W
V  E  R  T  E  L  L  E  R  D  K  I  U  R  X
P  X  L  P  I  G  O  K  Q  J  O  O  A  A  E
E  N  J  L  T  H  E  I  E  T  D  G  N  G  C
T  T  C  W  C  V  T  B  S  X  O  R  A  E  A
O  H  O  E  I  W  J  N  A  M  S  A  L  D  U
D  C  C  R  F  F  D  U  A  S  M  F  O  I  T
K  O  T  I  G  Y  L  L  O  M  G  I  G  E  E
E  N  O  L  D  M  V  E  Y  K  O  E  I  A  U
N  C  Y  Y  M  E  T  A  F  O  O  R  E  N  R
A  L  V  D  K  U  G  C  S  I  L  Q  Q  A  O
Q  U  T  H  E  M  A  G  E  T  A  O  W  L  R
S  S  J  H  J  J  X  I  K  B  I  J  Y  Y  M
C  I  R  C  S  I  Z  J  R  L  D  J  V  S  P
M  E  A  D  V  R  R  I  T  M  E  T  L  E  L
```

ANALOGIE   VERTELLER
ANALYSE   ROMAN
ANEKDOTE   GEDICHT
AUTEUR   POËTISCH
BIOGRAFIE   RIJM
CONCLUSIE   RITME
DIALOOG   STIJL
FICTIE   THEMA
METAFOOR   TRAGEDIE

97 - Geography

```
K  J  J  I  E  V  S  N  O  O  R  D  E  N  G
W  X  V  N  Z  Z  T  R  A  A  K  R  K  R  X
I  D  A  N  T  M  A  B  E  R  G  D  D  K  O
I  E  U  X  E  E  D  B  Z  Z  P  W  X  K  M
E  I  L  A  N  D  E  Z  S  A  L  Z  E  E  E
Q  J  P  G  R  E  I  V  I  R  T  A  R  H  R
A  Y  I  M  F  I  B  U  G  R  W  L  N  G  I
O  C  E  A  A  N  E  K  Z  E  E  Q  A  D  D
M  M  Z  S  C  N  G  A  Q  G  S  X  Q  S  I
W  E  R  E  L  D  D  A  A  I  T  A  D  B  A
U  M  X  C  P  Q  N  Y  I  O  E  W  L  E  A
H  O  O  G  T  E  O  C  B  I  N  T  F  K  N
G  R  H  O  R  P  R  H  A  L  F  R  O  N  D
H  S  D  A  A  R  G  E  T  D  E  E  R  B  W
P  L  C  O  N  T  I  N  E  N  T  R  H  A  Z
```

HOOGTE	BERG
ATLAS	NOORDEN
STAD	OCEAAN
CONTINENT	REGIO
LAND	RIVIER
HALFROND	ZEE
EILAND	ZUIDEN
BREEDTEGRAAD	GRONDGEBIED
KAART	WESTEN
MERIDIAAN	WERELD

98 - Jazz

```
P V L A O Z B O P I R B Z T S
O I C L L L E C R N B R K E A
T P L B D A R M U K M U M C M
A N J U D A O C L U E E K H E
L A I M B A E U Q R M S X N N
E M T E I W M S W D T N T I S
N L S M U R D U O A I G E E T
T R T L N W I N F N R V P K E
R X S A F A V O R I E T E N L
E G Z Z P N J A X J G S E A L
C O H B Q P E W B S P E L I I
N C I X N K L T F V M I O L N
O M U Z I E K A J N P T N I G
C K P W W H F Q U A P R B E V
C O M P O N I S T S Q A I D E
```

ALBUM
APPLAUS
ARTIEST
COMPONIST
SAMENSTELLING
CONCERT
DRUMS
NADRUK
BEROEMD
FAVORIETEN

MUZIEK
NIEUW
OUD
ORKEST
RITME
LIED
STIJL
TALENT
TECHNIEK

99 - Nature

```
R C K W W J I J A W D R E J H
U H I O L O O D J I Z U R A E
S X Z E Z O L G A L B A O N I
T S M S O B W K L D E N S B L
I P N T S I M I E E L H I I I
G D V I W C D I O N T C E J G
D I Y J K L I P P E N S I E D
D Y W N L V D K M T S I J N O
I Q N L E R K R T N B T E E M
E L G A C F E S Z K O C X E R
R Q N A M R I V I E R R U R V
E S T T P I K J R W D A X E P
N J B I X M S M F L L C Y S C
S Z M V D T H C S I P O R T P
M S P I I D I E H N O O H C S
```

DIEREN   BOS
ARCTISCH   GLETSJER
SCHOONHEID   RUSTIG
BIJEN   RIVIER
KLIPPEN   HEILIGDOM
WOLKEN   SEREEN
WOESTIJN   TROPISCH
DYNAMISCH   VITAAL
EROSIE   WILD
MIST

100 - Vacation #2

```
K  B  S  T  R  A  N  D  C  Z  E  P  G  S  X
B  A  T  H  T  R  Q  Y  D  V  W  M  C  T  R
E  T  M  U  S  I  V  L  E  T  O  H  E  E  E
S  A  V  P  Y  H  R  J  I  T  T  U  I  J  D
T  X  R  K  E  X  Y  J  L  B  E  R  G  E  N
E  I  I  F  I  R  R  I  A  W  I  J  N  R  A
M  D  J  V  T  N  E  T  N  M  T  N  J  T  L
M  K  E  T  N  K  O  N  D  O  S  B  F  E  N
I  A  T  I  A  T  V  N  Z  E  E  F  S  D  E
N  A  I  B  K  E  R  P  A  S  P  O  O  R  T
G  R  J  Q  A  O  E  E  F  N  T  I  O  A  I
A  T  D  V  V  K  V  O  I  Z  U  U  V  M  U
N  P  Q  L  Z  I  U  D  T  N  S  O  W  X  B
L  U  C  H  T  H  A  V  E  N  R  E  I  S  G
B  U  I  T  E  N  L  A  N  D  S  M  X  V  D
```

LUCHTHAVEN	VRIJE TIJD
STRAND	KAART
KAMPEREN	BERGEN
BESTEMMING	PASPOORT
BUITENLANDS	ZEE
BUITENLANDER	TAXI
VAKANTIE	TENT
HOTEL	TREIN
EILAND	VERVOER
REIS	VISUM

1 - Antiques

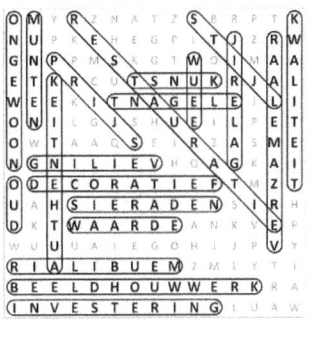

2 - Food #1

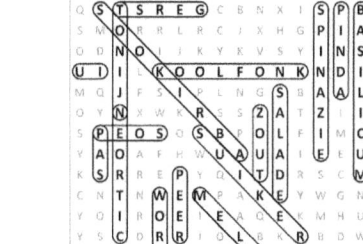

3 - Measurements

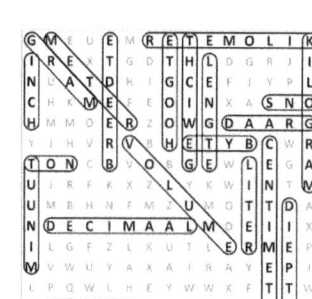

4 - Farm #2

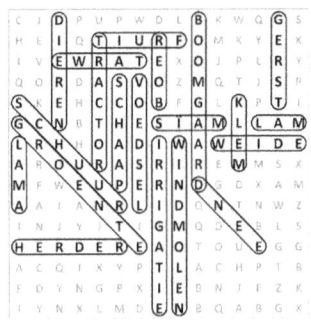

5 - Books

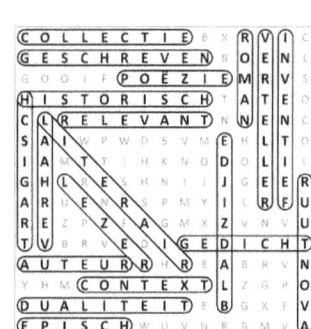

6 - Meditation

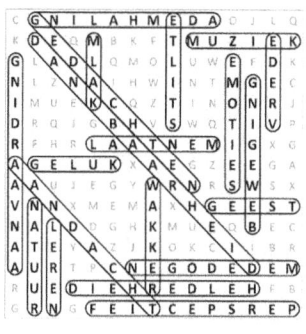

7 - Days and Months

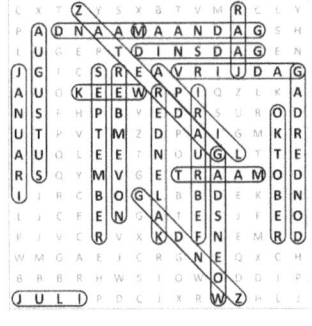

8 - Energy

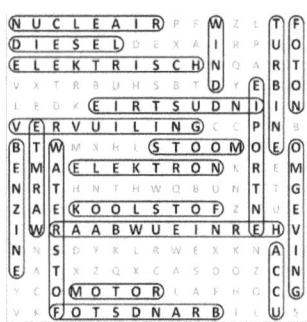

9 - Chess

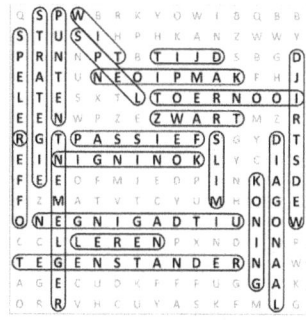

10 - Archeology

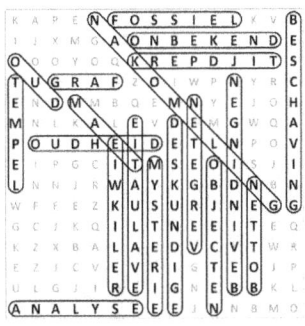

11 - Food #2

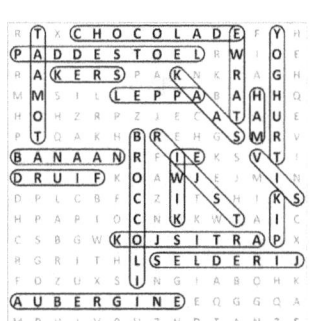

12 - Chemistry

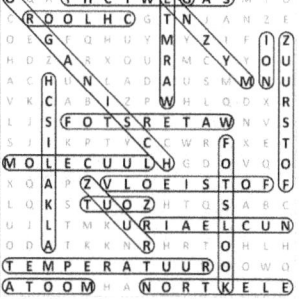

13 - Music

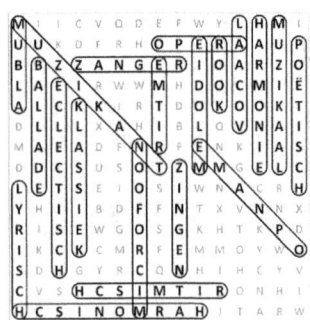

14 - Family

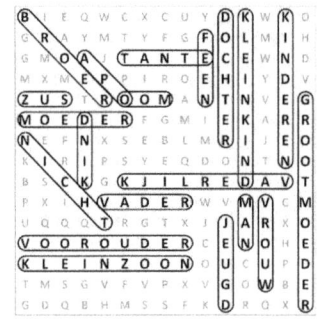

15 - Farm #1

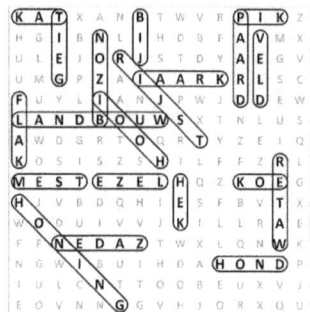

16 - Camping

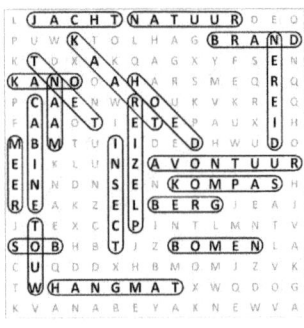

17 - Conservation

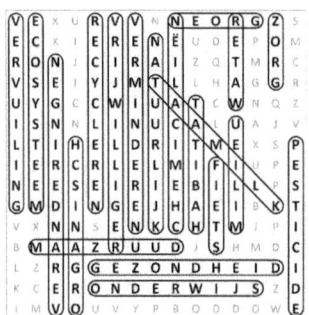

18 - Algebra

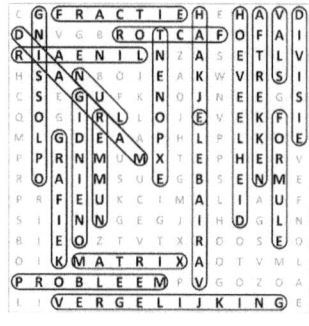

19 - Numbers

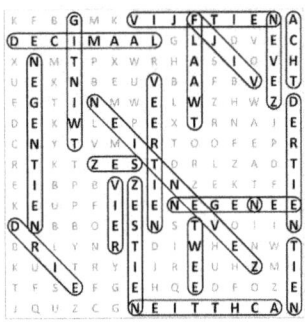

20 - Spices

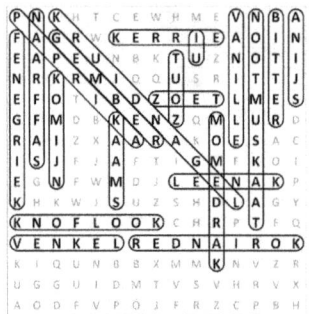

21 - Universe

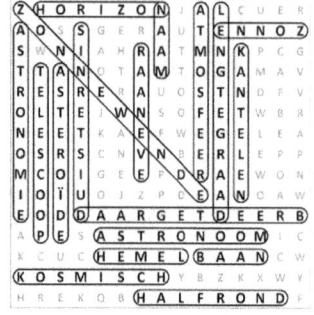

22 - Mammals

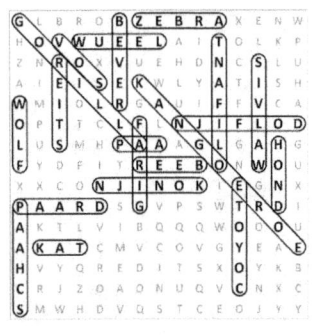

23 - Restaurant #1

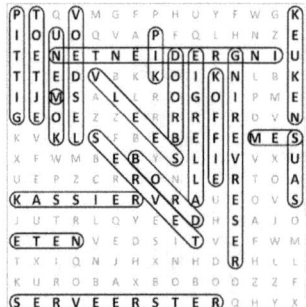

24 - Bees

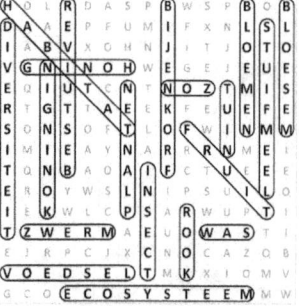

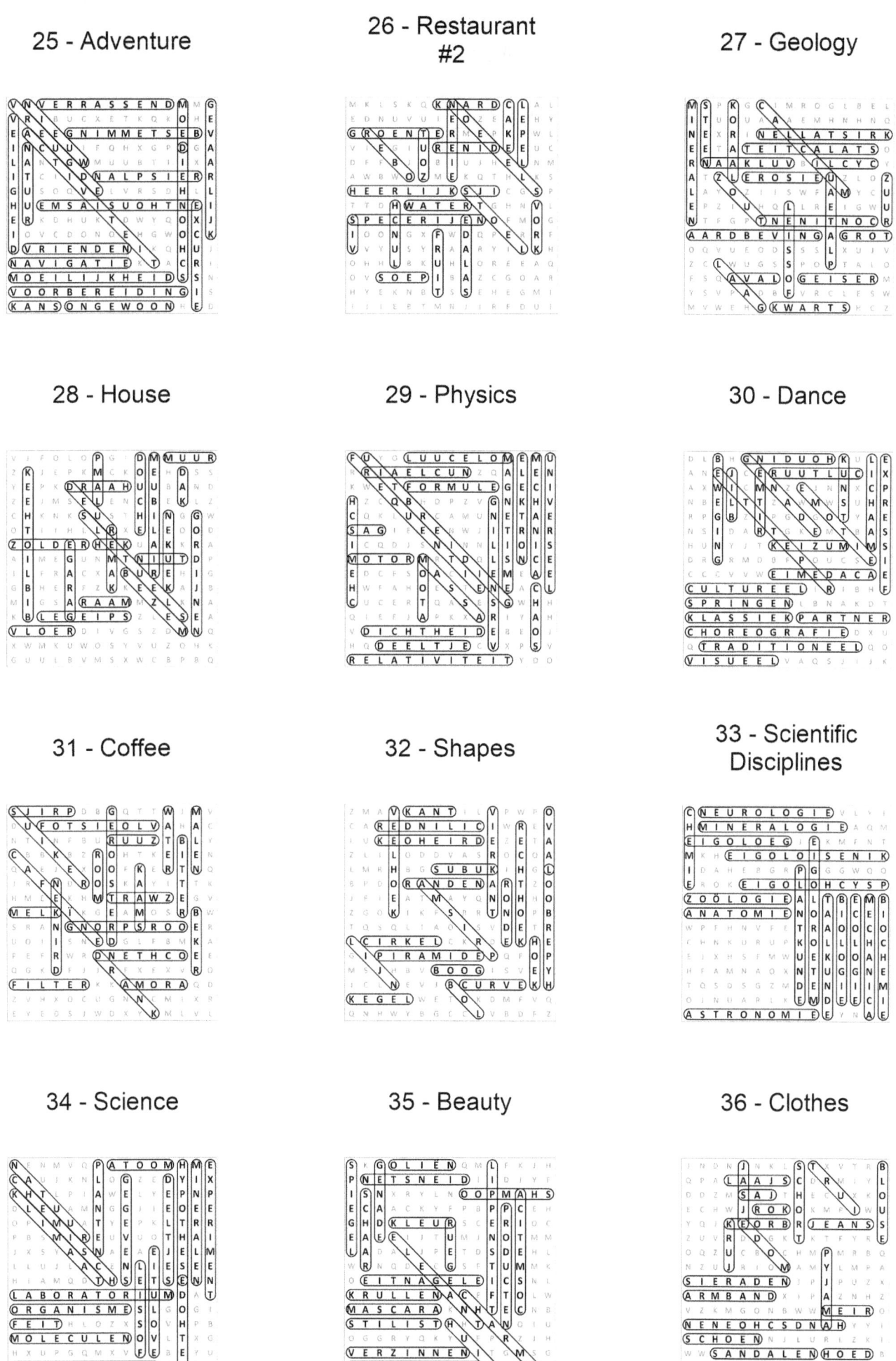

25 - Adventure

26 - Restaurant #2

27 - Geology

28 - House

29 - Physics

30 - Dance

31 - Coffee

32 - Shapes

33 - Scientific Disciplines

34 - Science

35 - Beauty

36 - Clothes

37 - Astronomy

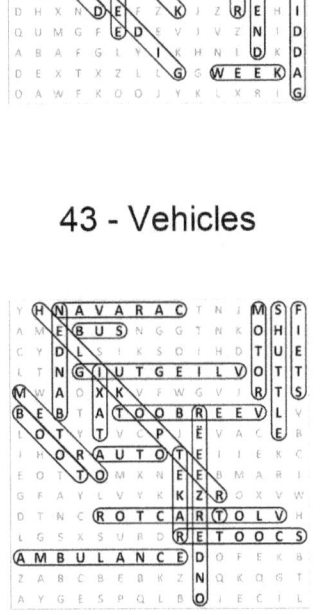

38 - Health and Wellness #2

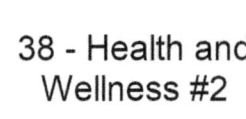
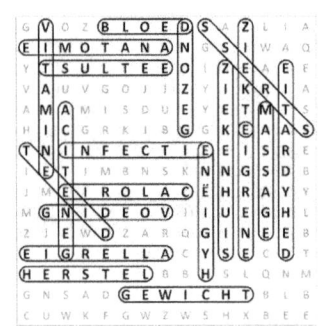

39 - Disease

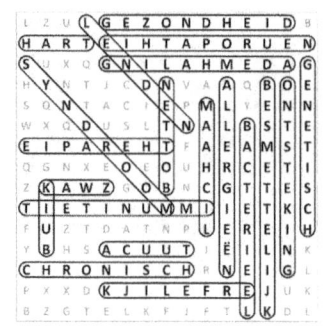

40 - Time

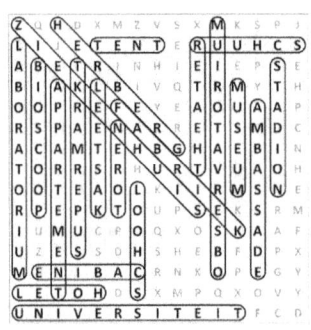

41 - Buildings

42 - Herbalism

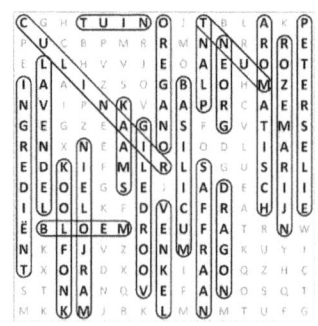

43 - Vehicles

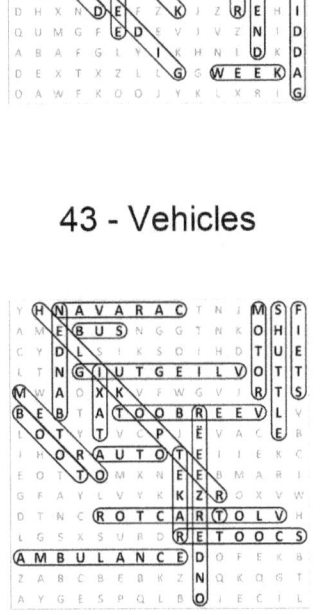

44 - Flowers

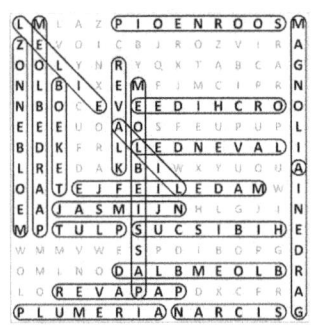

45 - Health and Wellness #1

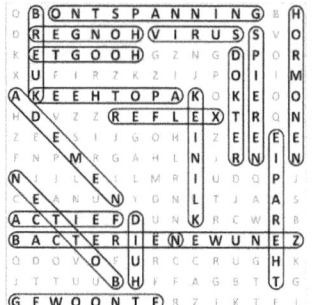

46 - Town

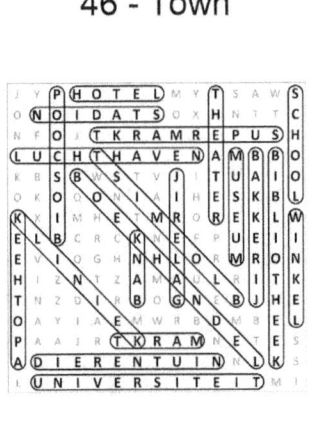

47 - Antarctica

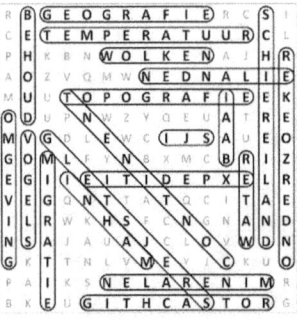

48 - Ballet

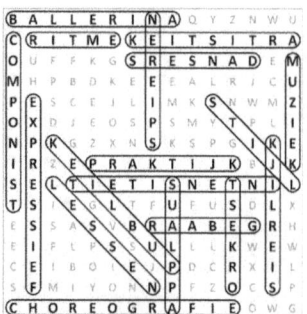

49 - Fashion

50 - Human Body

51 - Musical Instruments

52 - Fruit

53 - Engineering

54 - Kitchen

55 - Government

56 - Art Supplies

57 - Science Fiction

58 - Geometry

59 - Creativity

60 - Airplanes

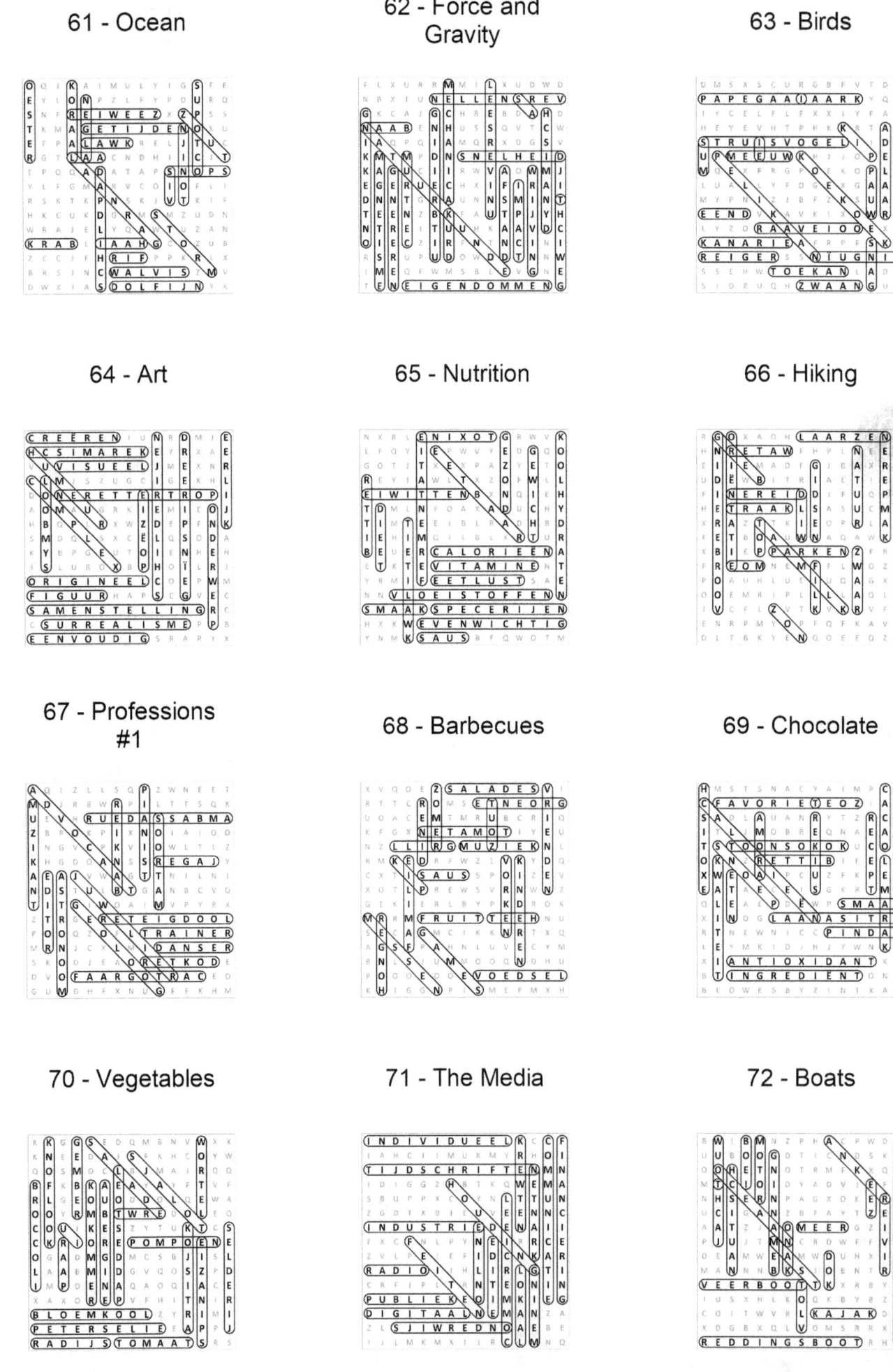

61 - Ocean

62 - Force and Gravity

63 - Birds

64 - Art

65 - Nutrition

66 - Hiking

67 - Professions #1

68 - Barbecues

69 - Chocolate

70 - Vegetables

71 - The Media

72 - Boats

73 - Activities and Leisure

74 - Driving

75 - Biology

76 - Professions #2

77 - Mythology

78 - Agronomy

79 - Hair Types

80 - Garden

81 - Diplomacy

82 - Countries #1

83 - Adjectives #1

84 - Rainforest

85 - Global Warming

86 - Landscapes

87 - Visual Arts

88 - Plants

89 - Countries #2

90 - Adjectives #2

91 - Psychology

92 - Math

93 - Activities

94 - Business

95 - The Company

96 - Literature

97 - Geography

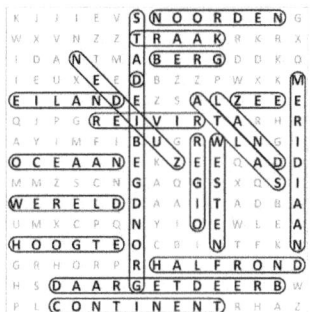

98 - Jazz

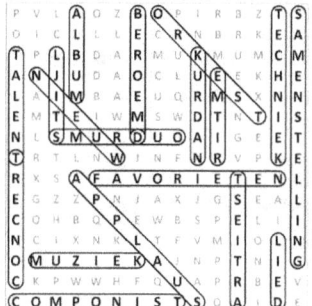

99 - Nature

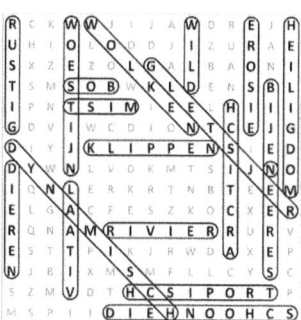

100 - Vacation #2

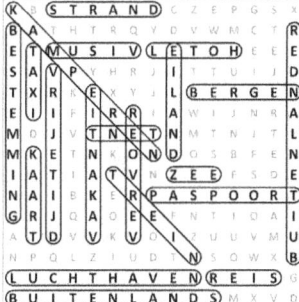

Dictionary

Activities
Activiteiten

Activity	Activiteit
Art	Kunst
Camping	Kamperen
Ceramics	Keramiek
Crafts	Ambachten
Dancing	Dansen
Fishing	Hengelsport
Games	Games
Gardening	Tuinieren
Hiking	Wandelen
Hunting	Jacht
Interests	Belangen
Leisure	Vrije Tijd
Magic	Magie
Photography	Fotografie
Pleasure	Plezier
Reading	Lezen
Relaxation	Ontspanning
Sewing	Naaien
Skill	Vaardigheid

Activities and Leisure
Activiteiten en Vrije Ti

Art	Kunst
Baseball	Honkbal
Basketball	Basketbal
Boxing	Boksen
Camping	Kamperen
Diving	Duiken
Fishing	Hengelsport
Gardening	Tuinieren
Golf	Golf
Hiking	Wandelen
Hobbies	Hobby
Painting	Schilderij
Racing	Racen
Relaxing	Ontspannen
Soccer	Voetbal
Surfing	Surfen
Swimming	Zwemmen
Tennis	Tennis
Travel	Reis
Volleyball	Volleybal

Adjectives #1
Bijvoeglijke Naamwoorden

Absolute	Absoluut
Ambitious	Ambitieus
Aromatic	Aromatisch
Artistic	Artistiek
Attractive	Aantrekkelijk
Beautiful	Mooi
Dark	Donker
Exotic	Exotisch
Generous	Gul
Happy	Gelukkig
Heavy	Zwaar
Helpful	Behulpzaam
Honest	Eerlijk
Identical	Identiek
Important	Belangrijk
Modern	Modern
Serious	Ernstig
Slow	Langzaam
Thin	Dun
Valuable	Waardevol

Adjectives #2
Bijvoeglijke Naamwoorden

Authentic	Authentiek
Creative	Creatief
Descriptive	Beschrijvend
Dramatic	Dramatisch
Dry	Droog
Elegant	Elegant
Famous	Beroemd
Gifted	Begaafd
Healthy	Gezond
Hot	Heet
Hungry	Hongerig
Interesting	Interessant
Natural	Natuurlijk
New	Nieuw
Productive	Productief
Proud	Trots
Salty	Zout
Sleepy	Slaperig
Strong	Sterk
Wild	Wild

Adventure
Avontuur

Activity	Activiteit
Beauty	Schoonheid
Bravery	Moed
Challenges	Uitdagingen
Chance	Kans
Dangerous	Gevaarlijk
Destination	Bestemming
Difficulty	Moeilijkheid
Enthusiasm	Enthousiasme
Excursion	Excursie
Friends	Vrienden
Itinerary	Reisplan
Joy	Vreugde
Nature	Natuur
Navigation	Navigatie
New	Nieuw
Preparation	Voorbereiding
Safety	Veiligheid
Surprising	Verrassend
Unusual	Ongewoon

Agronomy
Agronomie

Agriculture	Landbouw
Diseases	Ziekten
Ecology	Ecologie
Energy	Energie
Environment	Omgeving
Erosion	Erosie
Fertilizer	Mest
Food	Voedsel
Growth	Groei
Organic	Organisch
Plants	Planten
Pollution	Vervuiling
Production	Productie
Rural	Landelijk
Science	Wetenschap
Seeds	Zaden
Study	Studie
Systems	Systemen
Vegetables	Groente
Water	Water

Airplanes
Vliegtuigen

Adventure	Avontuur
Air	Lucht
Atmosphere	Atmosfeer
Balloon	Ballon
Construction	Bouw
Crew	Bemanning
Descent	Afdaling
Design	Ontwerp
Direction	Richting
Engine	Motor
Fuel	Brandstof
Height	Hoogte
History	Geschiedenis
Hydrogen	Waterstof
Landing	Landen
Passenger	Passagier
Pilot	Piloot
Propellers	Propellers
Sky	Hemel
Turbulence	Turbulentie

Algebra
Algebra

Diagram	Diagram
Division	Divisie
Equation	Vergelijking
Exponent	Exponent
Factor	Factor
False	Vals
Formula	Formule
Fraction	Fractie
Graph	Grafiek
Infinite	Oneindig
Linear	Lineair
Matrix	Matrix
Number	Nummer
Parenthesis	Haakje
Problem	Probleem
Quantity	Hoeveelheid
Solution	Oplossing
Subtraction	Aftrekken
Variable	Variabele
Zero	Nul

Antarctica
Antarctica

Bay	Baai
Birds	Vogels
Clouds	Wolken
Conservation	Behoud
Continent	Continent
Cove	Inham
Environment	Omgeving
Expedition	Expeditie
Geography	Geografie
Glaciers	Gletsjers
Ice	Ijs
Islands	Eilanden
Migration	Migratie
Minerals	Mineralen
Peninsula	Schiereiland
Researcher	Onderzoeker
Rocky	Rotsachtig
Temperature	Temperatuur
Topography	Topografie
Water	Water

Antiques
Antiek

Art	Kunst
Auction	Veiling
Authentic	Authentiek
Century	Eeuw
Coins	Munten
Collector	Verzamelaar
Decorative	Decoratief
Elegant	Elegant
Furniture	Meubilair
Gallery	Galerij
Investment	Investering
Jewelry	Sieraden
Old	Oud
Price	Prijs
Quality	Kwaliteit
Restoration	Restauratie
Sculpture	Beeldhouwwerk
Style	Stijl
Unusual	Ongewoon
Value	Waarde

Archeology
Archeologie

Analysis	Analyse
Ancient	Oud
Antiquity	Oudheid
Bones	Botten
Civilization	Beschaving
Descendant	Nakomeling
Era	Tijdperk
Evaluation	Evaluatie
Expert	Deskundige
Findings	Bevindingen
Forgotten	Vergeten
Fossil	Fossiel
Mystery	Mysterie
Objects	Objecten
Relic	Relikwie
Researcher	Onderzoeker
Team	Team
Temple	Tempel
Tomb	Graf
Unknown	Onbekend

Art
Kunst

Ceramic	Keramisch
Complex	Complex
Composition	Samenstelling
Create	Creëren
Expression	Uitdrukking
Figure	Figuur
Honest	Eerlijk
Inspired	Geïnspireerd
Mood	Humeur
Original	Origineel
Paintings	Schilderijen
Personal	Persoonlijk
Poetry	Poëzie
Portray	Portretteren
Sculpture	Beeldhouwwerk
Simple	Eenvoudig
Subject	Onderwerp
Surrealism	Surrealisme
Symbol	Symbool
Visual	Visueel

Art Supplies
Kunstbenodigdheden

Acrylic	Acryl
Brushes	Borstels
Camera	Camera
Chair	Stoel
Charcoal	Houtskool
Clay	Klei
Colors	Kleuren
Creativity	Creativiteit
Easel	Ezel
Eraser	Gom
Glue	Lijm
Ideas	Ideeën
Ink	Inkt
Oil	Olie
Paints	Verf
Paper	Papier
Pencils	Potloden
Table	Tafel
Water	Water
Watercolors	Aquarellen

Astronomy
Astronomie

Asteroid	Asteroïde
Astronaut	Astronaut
Astronomer	Astronoom
Constellation	Sterrenbeeld
Cosmos	Kosmos
Earth	Aarde
Eclipse	Verduistering
Equinox	Equinox
Meteor	Meteoor
Moon	Maan
Nebula	Nevel
Observatory	Observatorium
Planet	Planeet
Radiation	Straling
Rocket	Raket
Satellite	Satelliet
Sky	Hemel
Solar	Zonne
Supernova	Supernova
Zodiac	Dierenriem

Ballet
Ballet

Applause	Applaus
Artistic	Artistiek
Audience	Publiek
Ballerina	Ballerina
Choreography	Choreografie
Composer	Componist
Dancers	Dansers
Expressive	Expressief
Gesture	Gebaar
Graceful	Sierlijk
Intensity	Intensiteit
Lessons	Lessen
Muscles	Spieren
Music	Muziek
Orchestra	Orkest
Practice	Praktijk
Rhythm	Ritme
Skill	Vaardigheid
Style	Stijl
Technique	Techniek

Barbecues
Barbecues

Chicken	Kip
Children	Kinderen
Dinner	Diner
Family	Familie
Food	Voedsel
Forks	Vorken
Friends	Vrienden
Fruit	Fruit
Games	Games
Grill	Grill
Hot	Heet
Hunger	Honger
Knives	Messen
Music	Muziek
Salads	Salades
Salt	Zout
Sauce	Saus
Summer	Zomer
Tomatoes	Tomaten
Vegetables	Groente

Beauty
Schoonheid

Charm	Charme
Color	Kleur
Cosmetics	Cosmetica
Curls	Krullen
Elegance	Elegantie
Elegant	Elegant
Fragrance	Geur
Grace	Genade
Lipstick	Lippenstift
Makeup	Verzinnen
Mascara	Mascara
Mirror	Spiegel
Oils	Oliën
Photogenic	Fotogeniek
Products	Producten
Scissors	Schaar
Services	Diensten
Shampoo	Shampoo
Skin	Huid
Stylist	Stilist

Bees
Bijen

Beneficial	Voordelig
Blossom	Bloesem
Diversity	Diversiteit
Ecosystem	Ecosysteem
Flowers	Bloemen
Food	Voedsel
Fruit	Fruit
Garden	Tuin
Habitat	Habitat
Hive	Bijenkorf
Honey	Honing
Insect	Insect
Plants	Planten
Pollen	Stuifmeel
Pollinator	Bestuiver
Queen	Koningin
Smoke	Rook
Sun	Zon
Swarm	Zwerm
Wax	Was

Biology
Biologie

Anatomy	Anatomie
Bacteria	Bacteriën
Cell	Cel
Chromosome	Chromosoom
Collagen	Collageen
Embryo	Embryo
Enzyme	Enzym
Evolution	Evolutie
Hormone	Hormoon
Mammal	Zoogdier
Mutation	Mutatie
Natural	Natuurlijk
Nerve	Zenuw
Neuron	Neuron
Osmosis	Osmose
Photosynthesis	Fotosynthese
Protein	Eiwit
Reptile	Reptiel
Symbiosis	Symbiose
Synapse	Synaps

Birds
Vogels

Canary	Kanarie
Chicken	Kip
Crow	Kraai
Cuckoo	Koekoek
Duck	Eend
Eagle	Adelaar
Egg	Ei
Flamingo	Flamingo
Goose	Gans
Gull	Meeuw
Heron	Reiger
Ostrich	Struisvogel
Parrot	Papegaai
Peacock	Pauw
Pelican	Pelikaan
Penguin	Pinguïn
Sparrow	Mus
Stork	Ooievaar
Swan	Zwaan
Toucan	Toekan

Boats
Boten

Anchor	Anker
Buoy	Boei
Canoe	Kano
Crew	Bemanning
Dock	Dok
Engine	Motor
Ferry	Veerboot
Kayak	Kajak
Lake	Meer
Lifeboat	Reddingsboot
Mast	Mast
Nautical	Nautisch
Ocean	Oceaan
Raft	Vlot
River	Rivier
Rope	Touw
Sailboat	Zeilboot
Sailor	Matroos
Sea	Zee
Yacht	Jacht

Books
Boeken

Adventure	Avontuur
Author	Auteur
Collection	Collectie
Context	Context
Duality	Dualiteit
Epic	Episch
Historical	Historisch
Humorous	Humoristisch
Inventive	Inventief
Literary	Literair
Narrator	Verteller
Novel	Roman
Page	Bladzijde
Poem	Gedicht
Poetry	Poëzie
Reader	Lezer
Relevant	Relevant
Story	Verhaal
Tragic	Tragisch
Written	Geschreven

Buildings
Gebouwen

Apartment	Appartement
Barn	Schuur
Cabin	Cabine
Castle	Kasteel
Cinema	Bioscoop
Embassy	Ambassade
Factory	Fabriek
Hospital	Ziekenhuis
Hostel	Herberg
Hotel	Hotel
Laboratory	Laboratorium
Museum	Museum
Observatory	Observatorium
School	School
Stadium	Stadion
Supermarket	Supermarkt
Tent	Tent
Theater	Theater
Tower	Toren
University	Universiteit

Business
Zakelijk

Budget	Begroting
Career	Carrière
Company	Bedrijf
Cost	Kosten
Currency	Valuta
Discount	Korting
Economics	Economie
Employee	Werknemer
Employer	Werkgever
Factory	Fabriek
Finance	Financiën
Income	Inkomen
Investment	Investering
Manager	Manager
Merchandise	Handelswaar
Money	Geld
Office	Kantoor
Sale	Verkoop
Shop	Winkel
Taxes	Belastingen

Camping
Camping

Adventure	Avontuur
Animals	Dieren
Cabin	Cabine
Canoe	Kano
Compass	Kompas
Fire	Brand
Forest	Bos
Fun	Plezier
Hammock	Hangmat
Hat	Hoed
Hunting	Jacht
Insect	Insect
Lake	Meer
Map	Kaart
Moon	Maan
Mountain	Berg
Nature	Natuur
Rope	Touw
Tent	Tent
Trees	Bomen

Chemistry
Chemie

Acid	Zuur
Alkaline	Alkalisch
Atomic	Atoom
Carbon	Koolstof
Catalyst	Katalysator
Chlorine	Chloor
Electron	Elektron
Enzyme	Enzym
Gas	Gas
Heat	Warmte
Hydrogen	Waterstof
Ion	Ion
Liquid	Vloeistof
Molecule	Molecuul
Nuclear	Nucleair
Organic	Organisch
Oxygen	Zuurstof
Salt	Zout
Temperature	Temperatuur
Weight	Gewicht

Chess
Schaken

Black	Zwart
Challenges	Uitdagingen
Champion	Kampioen
Clever	Slim
Contest	Wedstrijd
Diagonal	Diagonaal
Game	Spel
King	Koning
Opponent	Tegenstander
Passive	Passief
Player	Speler
Points	Punten
Queen	Koningin
Rules	Reglement
Sacrifice	Offer
Strategy	Strategie
Time	Tijd
To Learn	Leren
Tournament	Toernooi
White	Wit

Chocolate
Chocolade

Antioxidant	Antioxidant
Aroma	Aroma
Artisanal	Artisanaal
Bitter	Bitter
Cacao	Cacao
Calories	Calorieën
Candy	Snoep
Caramel	Karamel
Coconut	Kokosnoot
Delicious	Heerlijk
Exotic	Exotisch
Favorite	Favoriet
Ingredient	Ingrediënt
Peanuts	Pinda'S
Quality	Kwaliteit
Recipe	Recept
Sugar	Suiker
Sweet	Zoet
Taste	Smaak
To Eat	Eten

Clothes
Kleding

Apron	Schort
Belt	Riem
Blouse	Blouse
Bracelet	Armband
Coat	Jas
Dress	Jurk
Fashion	Mode
Gloves	Handschoenen
Hat	Hoed
Jacket	Jasje
Jeans	Jeans
Jewelry	Sieraden
Pajamas	Pyjama
Pants	Broek
Sandals	Sandalen
Scarf	Sjaal
Shirt	Shirt
Shoe	Schoen
Skirt	Rok
Sweater	Trui

Coffee
Koffie

Acidic	Zuur
Aroma	Aroma
Beverage	Drank
Bitter	Bitter
Black	Zwart
Caffeine	Cafeïne
Cream	Room
Cup	Beker
Filter	Filter
Flavor	Smaak
Grind	Malen
Liquid	Vloeistof
Milk	Melk
Morning	Ochtend
Origin	Oorsprong
Price	Prijs
Roasted	Geroosterd
Sugar	Suiker
To Drink	Drinken
Water	Water

Conservation
Behoud

Changes	Veranderingen
Chemicals	Chemicaliën
Climate	Klimaat
Concern	Zorg
Cycle	Fiets
Ecosystem	Ecosysteem
Education	Onderwijs
Environmental	Milieu
Green	Groen
Habitat	Habitat
Health	Gezondheid
Natural	Natuurlijk
Organic	Organisch
Pesticide	Pesticide
Pollution	Vervuiling
Recycle	Recycleren
Reduce	Verminderen
Sustainable	Duurzaam
Volunteer	Vrijwilliger
Water	Water

Countries #1
Landen #1

Brazil	Brazilië
Canada	Canada
Egypt	Egypte
Finland	Finland
Germany	Duitsland
Iraq	Irak
Israel	Israël
Italy	Italië
Latvia	Letland
Libya	Libië
Morocco	Marokko
Nicaragua	Nicaragua
Norway	Noorwegen
Panama	Panama
Poland	Polen
Romania	Roemenië
Senegal	Senegal
Spain	Spanje
Venezuela	Venezuela
Vietnam	Vietnam

Countries #2
Landen #2

Albania	Albani
Denmark	Denemarken
Ethiopia	Ethiopië
Greece	Griekenland
Haiti	Haïti
Jamaica	Jamaica
Japan	Japan
Laos	Laos
Lebanon	Libanon
Liberia	Liberia
Mexico	Mexico
Nepal	Nepal
Nigeria	Nigeria
Pakistan	Pakistan
Russia	Rusland
Somalia	Somalië
Sudan	Soedan
Syria	Syrië
Uganda	Oeganda
Ukraine	Oekraïne

Creativity
Creativiteit

Artistic	Artistiek
Authenticity	Echtheid
Clarity	Helderheid
Dramatic	Dramatisch
Emotions	Emoties
Expression	Uitdrukking
Fluidity	Vloeibaarheid
Ideas	Ideeën
Image	Beeld
Imagination	Verbeelding
Impression	Indruk
Inspiration	Inspiratie
Intensity	Intensiteit
Intuition	Intuïtie
Inventive	Inventief
Sensation	Gevoel
Skill	Vaardigheid
Spontaneous	Spontaan
Visions	Visioenen
Vitality	Vitaliteit

Dance
Dans

Academy	Academie
Art	Kunst
Body	Lichaam
Choreography	Choreografie
Classical	Klassiek
Cultural	Cultureel
Culture	Cultuur
Emotion	Emotie
Expressive	Expressief
Grace	Genade
Joyful	Blij
Jump	Springen
Movement	Beweging
Music	Muziek
Partner	Partner
Posture	Houding
Rehearsal	Repetitie
Rhythm	Ritme
Traditional	Traditioneel
Visual	Visueel

Days and Months
Dagen en Maanden

April	April
August	Augustus
Calendar	Kalender
February	Februari
Friday	Vrijdag
January	Januari
July	Juli
March	Maart
Monday	Maandag
Month	Maand
November	November
October	Oktober
Saturday	Zaterdag
September	September
Sunday	Zondag
Thursday	Donderdag
Tuesday	Dinsdag
Wednesday	Woensdag
Week	Week
Year	Jaar

Diplomacy
Diplomatie

Adviser	Adviseur
Ambassador	Ambassadeur
Citizens	Burgers
Civic	Burgerlijk
Community	Gemeenschap
Conflict	Conflict
Cooperation	Samenwerking
Diplomatic	Diplomatiek
Discussion	Discussie
Embassy	Ambassade
Ethics	Ethiek
Government	Regering
Humanitarian	Humanitair
Integrity	Integriteit
Justice	Gerechtigheid
Politics	Politiek
Resolution	Resolutie
Security	Veiligheid
Solution	Oplossing
Treaty	Verdrag

Disease
Ziekte

Abdominal	Buik
Acute	Acuut
Allergies	Allergieën
Bacterial	Bacterieel
Body	Lichaam
Bones	Botten
Chronic	Chronisch
Contagious	Besmettelijk
Genetic	Genetisch
Health	Gezondheid
Heart	Hart
Hereditary	Erfelijk
Immunity	Immuniteit
Inflammation	Ontsteking
Lumbar	Lenden-
Neuropathy	Neuropathie
Respiratory	Ademhaling
Syndrome	Syndroom
Therapy	Therapie
Weak	Zwak

Driving
Rijden

Accident	Ongeluk
Brakes	Remmen
Car	Auto
Danger	Gevaar
Driver	Chauffeur
Fuel	Brandstof
Garage	Garage
Gas	Gas
License	Licentie
Map	Kaart
Motor	Motor
Motorcycle	Motorfiets
Pedestrian	Voetganger
Police	Politie
Road	Weg
Safety	Veiligheid
Speed	Snelheid
Traffic	Verkeer
Truck	Vrachtauto
Tunnel	Tunnel

Energy
Energie

Battery	Accu
Carbon	Koolstof
Diesel	Diesel
Electric	Elektrisch
Electron	Elektron
Entropy	Entropie
Environment	Omgeving
Fuel	Brandstof
Gasoline	Benzine
Heat	Warmte
Hydrogen	Waterstof
Industry	Industrie
Motor	Motor
Nuclear	Nucleair
Photon	Foton
Pollution	Vervuiling
Renewable	Hernieuwbaar
Steam	Stoom
Turbine	Turbine
Wind	Wind

Engineering
Engineering

Angle	Hoek
Axis	As
Calculation	Berekening
Construction	Bouw
Depth	Diepte
Diagram	Diagram
Diameter	Diameter
Diesel	Diesel
Distribution	Distributie
Energy	Energie
Gears	Versnellingen
Levers	Hefbomen
Liquid	Vloeistof
Machine	Machine
Measurement	Meting
Motor	Motor
Propulsion	Voortstuwing
Stability	Stabiliteit
Strength	Kracht
Structure	Structuur

Family
Familie

Ancestor	Voorouder
Aunt	Tante
Brother	Broer
Child	Kind
Childhood	Jeugd
Children	Kinderen
Daughter	Dochter
Father	Vader
Grandchild	Kleinkind
Grandfather	Opa
Grandmother	Grootmoeder
Grandson	Kleinzoon
Husband	Man
Mother	Moeder
Nephew	Neef
Niece	Nicht
Paternal	Vaderlijk
Sister	Zus
Uncle	Oom
Wife	Vrouw

Farm #1
Boerderij #1

Agriculture	Landbouw
Bee	Bij
Bison	Bizon
Calf	Kalf
Cat	Kat
Chicken	Kip
Cow	Koe
Crow	Kraai
Dog	Hond
Donkey	Ezel
Fence	Hek
Fertilizer	Mest
Field	Veld
Goat	Geit
Hay	Hooi
Honey	Honing
Horse	Paard
Rice	Rijst
Seeds	Zaden
Water	Water

Farm #2
Boerderij #2

Animals	Dieren
Barley	Gerst
Barn	Schuur
Corn	Maïs
Duck	Eend
Farmer	Boer
Food	Voedsel
Fruit	Fruit
Irrigation	Irrigatie
Lamb	Lam
Llama	Lama
Meadow	Weide
Milk	Melk
Orchard	Boomgaard
Sheep	Schaap
Shepherd	Herder
Tractor	Tractor
Vegetable	Groente
Wheat	Tarwe
Windmill	Windmolen

Fashion
Mode

Affordable	Betaalbaar
Boutique	Winkel
Buttons	Knop
Clothing	Kleding
Comfortable	Comfortabel
Elegant	Elegant
Embroidery	Borduurwerk
Expensive	Duur
Fabric	Stof
Lace	Kant
Measurements	Afmetingen
Modern	Modern
Modest	Bescheiden
Original	Origineel
Pattern	Patroon
Practical	Praktisch
Simple	Eenvoudig
Style	Stijl
Texture	Textuur
Trend	Trend

Flowers
Bloemen

Bouquet	Boeket
Clover	Klaver
Daffodil	Narcis
Daisy	Madeliefje
Dandelion	Paardebloem
Gardenia	Gardenia
Hibiscus	Hibiscus
Jasmine	Jasmijn
Lavender	Lavendel
Lilac	Lila
Lily	Lelie
Magnolia	Magnolia
Orchid	Orchidee
Passionflower	Passiebloem
Peony	Pioenroos
Petal	Bloemblad
Plumeria	Plumeria
Poppy	Papaver
Sunflower	Zonnebloem
Tulip	Tulp

Food #1
Eten #1

Apricot	Abrikoos
Barley	Gerst
Basil	Basilicum
Carrot	Wortel
Cinnamon	Kaneel
Garlic	Knoflook
Juice	Sap
Lemon	Citroen
Milk	Melk
Onion	Ui
Peanut	Pinda
Pear	Peer
Salad	Salade
Salt	Zout
Soup	Soep
Spinach	Spinazie
Strawberry	Aardbei
Sugar	Suiker
Tuna	Tonijn
Turnip	Raap

Food #2
Eten #2

Apple	Appel
Artichoke	Artisjok
Banana	Banaan
Broccoli	Broccoli
Celery	Selderij
Cheese	Kaas
Cherry	Kers
Chicken	Kip
Chocolate	Chocolade
Egg	Ei
Eggplant	Aubergine
Fish	Vis
Grape	Druif
Ham	Ham
Kiwi	Kiwi
Mushroom	Paddestoel
Rice	Rijst
Tomato	Tomaat
Wheat	Tarwe
Yogurt	Yoghurt

Force and Gravity
Kracht en Zwaartekracht

Axis	As
Center	Centrum
Discovery	Ontdekking
Distance	Afstand
Dynamic	Dynamisch
Expansion	Uitbreiding
Friction	Wrijving
Impact	Impact
Magnetism	Magnetisme
Mechanics	Mechanica
Orbit	Baan
Physics	Natuurkunde
Pressure	Druk
Properties	Eigendommen
Speed	Snelheid
Time	Tijd
To Accelerate	Versnellen
To Generate	Genereren
Universal	Universeel
Weight	Gewicht

Fruit
Fruit

Apple	Appel
Apricot	Abrikoos
Avocado	Avocado
Banana	Banaan
Berry	Bes
Cherry	Kers
Coconut	Kokosnoot
Fig	Vijg
Grape	Druif
Guava	Guave
Kiwi	Kiwi
Lemon	Citroen
Mango	Mango
Melon	Meloen
Nectarine	Nectarine
Papaya	Papaja
Peach	Perzik
Pear	Peer
Pineapple	Ananas
Raspberry	Framboos

Garden
Tuin

Bench	Bank
Bush	Struik
Fence	Hek
Flower	Bloem
Garage	Garage
Garden	Tuin
Grass	Gras
Hammock	Hangmat
Hose	Slang
Lawn	Gazon
Orchard	Boomgaard
Pond	Vijver
Porch	Veranda
Rake	Hark
Shovel	Schop
Terrace	Terras
Trampoline	Trampoline
Tree	Boom
Vine	Wijnstok
Weeds	Onkruid

Geography
Geografie

Altitude	Hoogte
Atlas	Atlas
City	Stad
Continent	Continent
Country	Land
Hemisphere	Halfrond
Island	Eiland
Latitude	Breedtegraad
Map	Kaart
Meridian	Meridiaan
Mountain	Berg
North	Noorden
Ocean	Oceaan
Region	Regio
River	Rivier
Sea	Zee
South	Zuiden
Territory	Grondgebied
West	Westen
World	Wereld

Geology
Geologie

Acid	Zuur
Calcium	Calcium
Cavern	Grot
Continent	Continent
Coral	Koraal
Crystals	Kristallen
Cycles	Cycli
Earthquake	Aardbeving
Erosion	Erosie
Fossil	Fossiel
Geyser	Geiser
Lava	Lava
Layer	Laag
Minerals	Mineralen
Plateau	Plateau
Quartz	Kwarts
Salt	Zout
Stalactite	Stalactiet
Stone	Steen
Volcano	Vulkaan

Geometry
Geometrie

Angle	Hoek
Calculation	Berekening
Circle	Cirkel
Curve	Curve
Diameter	Diameter
Dimension	Dimensie
Equation	Vergelijking
Height	Hoogte
Horizontal	Horizontaal
Logic	Logica
Mass	Massa
Median	Mediaan
Number	Nummer
Parallel	Parallel
Proportion	Proportie
Segment	Segment
Surface	Oppervlak
Symmetry	Symmetrie
Theory	Theorie
Triangle	Driehoek

Global Warming
Opwarming van de Aarde

Arctic	Arctisch
Attention	Aandacht
Changes	Veranderingen
Climate	Klimaat
Consequences	Gevolgen
Crisis	Crisis
Data	Gegevens
Development	Ontwikkeling
Energy	Energie
Environmental	Milieu
Future	Toekomst
Gas	Gas
Generations	Generaties
Government	Regering
Industry	Industrie
Legislation	Wetgeving
Now	Nu
Populations	Populaties
Scientist	Wetenschapper
Temperatures	Temperaturen

Government
Overheid

Citizenship	Burgerschap
Civil	Civiel
Constitution	Grondwet
Democracy	Democratie
Discussion	Discussie
District	Wijk
Equality	Gelijkheid
Judicial	Gerechtelijk
Justice	Gerechtigheid
Law	Wet
Leader	Leider
Liberty	Vrijheid
Monument	Monument
Nation	Natie
National	Nationaal
Peaceful	Rustig
Politics	Politiek
Speech	Toespraak
State	Staat
Symbol	Symbool

Hair Types
Haartypes

Bald	Kaal
Black	Zwart
Blond	Blond
Braided	Gevlochten
Braids	Vlechten
Brown	Bruin
Colored	Gekleurd
Curls	Krullen
Curly	Krullend
Dry	Droog
Gray	Grijs
Healthy	Gezond
Long	Lang
Shiny	Glimmend
Short	Kort
Soft	Zacht
Thick	Dik
Thin	Dun
Wavy	Golvend
White	Wit

Health and Wellness #1
Gezondheid en Welzijn #1

Active	Actief
Bacteria	Bacteriën
Bones	Botten
Clinic	Kliniek
Doctor	Dokter
Fracture	Breuk
Habit	Gewoonte
Height	Hoogte
Hormones	Hormonen
Hunger	Honger
Muscles	Spieren
Nerves	Zenuwen
Pharmacy	Apotheek
Reflex	Reflex
Relaxation	Ontspanning
Skin	Huid
Therapy	Therapie
To Breathe	Ademen
Treatment	Behandeling
Virus	Virus

Health and Wellness #2
Gezondheid en Welzijn #2

Allergy	Allergie
Anatomy	Anatomie
Appetite	Eetlust
Blood	Bloed
Calorie	Calorie
Dehydration	Dehydratie
Diet	Dieet
Disease	Ziekte
Energy	Energie
Genetics	Genetica
Healthy	Gezond
Hospital	Ziekenhuis
Hygiene	Hygiëne
Infection	Infectie
Massage	Massage
Nutrition	Voeding
Recovery	Herstel
Stress	Stress
Vitamin	Vitamine
Weight	Gewicht

Herbalism
Herbalisme

Aromatic	Aromatisch
Basil	Basilicum
Beneficial	Voordelig
Culinary	Culinair
Fennel	Venkel
Flavor	Smaak
Flower	Bloem
Garden	Tuin
Garlic	Knoflook
Green	Groen
Ingredient	Ingrediënt
Lavender	Lavendel
Marjoram	Marjolein
Mint	Munt
Oregano	Oregano
Parsley	Peterselie
Plant	Plant
Rosemary	Rozemarijn
Saffron	Saffraan
Tarragon	Dragon

Hiking
Wandelen

Animals	Dieren
Boots	Laarzen
Camping	Kamperen
Cliff	Klif
Climate	Klimaat
Guides	Gidsen
Hazards	Gevaren
Heavy	Zwaar
Map	Kaart
Mountain	Berg
Nature	Natuur
Orientation	Oriëntatie
Parks	Parken
Preparation	Voorbereiding
Stones	Stenen
Summit	Top
Sun	Zon
Tired	Moe
Water	Water
Wild	Wild

House
Huis

Attic	Zolder
Broom	Bezem
Curtains	Gordijnen
Door	Deur
Fence	Hek
Fireplace	Haard
Floor	Vloer
Furniture	Meubilair
Garage	Garage
Garden	Tuin
Keys	Sleutels
Kitchen	Keuken
Lamp	Lamp
Library	Bibliotheek
Mirror	Spiegel
Roof	Dak
Room	Kamer
Shower	Douche
Wall	Muur
Window	Raam

Human Body
Menselijk Lichaam

Ankle	Enkel
Blood	Bloed
Bones	Botten
Brain	Hersenen
Chin	Kin
Ear	Oor
Elbow	Elleboog
Face	Gezicht
Finger	Vinger
Hand	Hand
Head	Hoofd
Heart	Hart
Jaw	Kaak
Knee	Knie
Leg	Been
Mouth	Mond
Neck	Nek
Nose	Neus
Shoulder	Schouder
Skin	Huid

Jazz
Jazz

Album	Album
Applause	Applaus
Artist	Artiest
Composer	Componist
Composition	Samenstelling
Concert	Concert
Drums	Drums
Emphasis	Nadruk
Famous	Beroemd
Favorites	Favorieten
Improvisation	Improvisatie
Music	Muziek
New	Nieuw
Old	Oud
Orchestra	Orkest
Rhythm	Ritme
Song	Lied
Style	Stijl
Talent	Talent
Technique	Techniek

Kitchen
Keuken

Apron	Schort
Bowl	Kom
Chopsticks	Eetstokjes
Cups	Cup
Food	Voedsel
Forks	Vorken
Freezer	Vriezer
Grill	Grill
Jar	Pot
Jug	Kruik
Kettle	Ketel
Knives	Messen
Napkin	Servet
Oven	Oven
Recipe	Recept
Refrigerator	Koelkast
Spices	Specerijen
Sponge	Spons
Spoons	Lepels
To Eat	Eten

Landscapes
Landschappen

Beach	Strand
Cave	Grot
Desert	Woestijn
Geyser	Geiser
Glacier	Gletsjer
Hill	Heuvel
Iceberg	Ijsberg
Island	Eiland
Lake	Meer
Mountain	Berg
Oasis	Oase
Ocean	Oceaan
Peninsula	Schiereiland
River	Rivier
Sea	Zee
Swamp	Moeras
Tundra	Toendra
Valley	Vallei
Volcano	Vulkaan
Waterfall	Waterval

Literature
Literatuur

Analogy	Analogie
Analysis	Analyse
Anecdote	Anekdote
Author	Auteur
Biography	Biografie
Comparison	Vergelijking
Conclusion	Conclusie
Description	Omschrijving
Dialogue	Dialoog
Fiction	Fictie
Metaphor	Metafoor
Narrator	Verteller
Novel	Roman
Poem	Gedicht
Poetic	Poëtisch
Rhyme	Rijm
Rhythm	Ritme
Style	Stijl
Theme	Thema
Tragedy	Tragedie

Mammals
Zoogdieren

Bear	Beer
Beaver	Bever
Bull	Stier
Cat	Kat
Coyote	Coyote
Dog	Hond
Dolphin	Dolfijn
Elephant	Olifant
Fox	Vos
Giraffe	Giraf
Gorilla	Gorilla
Horse	Paard
Kangaroo	Kangoeroe
Lion	Leeuw
Monkey	Aap
Rabbit	Konijn
Sheep	Schaap
Whale	Walvis
Wolf	Wolf
Zebra	Zebra

Math
Wiskunde

Angles	Hoeken
Arithmetic	Rekenkundig
Circumference	Omtrek
Decimal	Decimaal
Diameter	Diameter
Division	Divisie
Equation	Vergelijking
Exponent	Exponent
Fraction	Fractie
Geometry	Geometrie
Numbers	Cijfers
Parallel	Parallel
Polygon	Veelhoek
Radius	Straal
Rectangle	Rechthoek
Square	Vierkant
Sum	Som
Symmetry	Symmetrie
Triangle	Driehoek
Volume	Volume

Measurements
Metingen

Byte	Byte
Centimeter	Centimeter
Decimal	Decimaal
Degree	Graad
Depth	Diepte
Gram	Gram
Height	Hoogte
Inch	Inch
Kilogram	Kilogram
Kilometer	Kilometer
Length	Lengte
Liter	Liter
Mass	Massa
Meter	Meter
Minute	Minuut
Ounce	Ons
Ton	Ton
Volume	Volume
Weight	Gewicht
Width	Breedte

Meditation
Meditatie

Acceptance	Aanvaarding
Attention	Aandacht
Awake	Wakker
Breathing	Ademhaling
Calm	Kalm
Clarity	Helderheid
Compassion	Mededogen
Emotions	Emoties
Gratitude	Dankbaarheid
Happiness	Geluk
Mental	Mentaal
Mind	Geest
Movement	Beweging
Music	Muziek
Nature	Natuur
Peace	Vrede
Perspective	Perspectief
Silence	Stilte
Thoughts	Gedachten
To Learn	Leren

Music
Muziek

Album	Album
Ballad	Ballade
Chorus	Koor
Classical	Klassiek
Eclectic	Eclectisch
Harmonic	Harmonisch
Harmony	Harmonie
Lyrical	Lyrisch
Melody	Melodie
Microphone	Microfoon
Musical	Muzikaal
Musician	Muzikant
Opera	Opera
Poetic	Poëtisch
Recording	Opname
Rhythm	Ritme
Rhythmic	Ritmisch
Sing	Zingen
Singer	Zanger
Vocal	Vocaal

Musical Instruments
Muziekinstrumenten

Banjo	Banjo
Bassoon	Fagot
Cello	Cello
Chimes	Klokkenspel
Clarinet	Klarinet
Drum	Trommel
Flute	Fluit
Gong	Gong
Guitar	Gitaar
Harp	Harp
Mandolin	Mandoline
Marimba	Marimba
Oboe	Hobo
Percussion	Percussie
Piano	Piano
Saxophone	Saxofoon
Tambourine	Tamboerijn
Trombone	Trombone
Trumpet	Trompet
Violin	Viool

Mythology
Mythologie

Archetype	Archetype
Behavior	Gedrag
Beliefs	Overtuigingen
Creation	Creatie
Creature	Wezen
Culture	Cultuur
Deities	Godheden
Disaster	Ramp
Heaven	Hemel
Hero	Held
Jealousy	Jaloezie
Labyrinth	Doolhof
Legend	Legende
Lightning	Bliksem
Monster	Monster
Mortal	Sterfelijk
Revenge	Wraak
Strength	Kracht
Thunder	Donder
Warrior	Krijger

Nature
Natuur

Animals	Dieren
Arctic	Arctisch
Beauty	Schoonheid
Bees	Bijen
Cliffs	Klippen
Clouds	Wolken
Desert	Woestijn
Dynamic	Dynamisch
Erosion	Erosie
Fog	Mist
Foliage	Gebladerte
Forest	Bos
Glacier	Gletsjer
Peaceful	Rustig
River	Rivier
Sanctuary	Heiligdom
Serene	Sereen
Tropical	Tropisch
Vital	Vitaal
Wild	Wild

Numbers
Getallen

Decimal	Decimaal
Eight	Acht
Eighteen	Achttien
Fifteen	Vijftien
Five	Vijf
Four	Vier
Fourteen	Veertien
Nine	Negen
Nineteen	Negentien
One	Een
Seven	Zeven
Seventeen	Zeventien
Six	Zes
Sixteen	Zestien
Ten	Tien
Thirteen	Dertien
Three	Drie
Twelve	Twaalf
Twenty	Twintig
Two	Twee

Nutrition
Voeding

Appetite	Eetlust
Balanced	Evenwichtig
Bitter	Bitter
Calories	Calorieën
Carbohydrates	Koolhydraten
Diet	Dieet
Edible	Eetbaar
Fermentation	Fermentatie
Flavor	Smaak
Health	Gezondheid
Healthy	Gezond
Liquids	Vloeistoffen
Nutrient	Voedingsstof
Proteins	Eiwitten
Quality	Kwaliteit
Sauce	Saus
Spices	Specerijen
Toxin	Toxine
Vitamin	Vitamine
Weight	Gewicht

Ocean
Oceaan

Algae	Algen
Coral	Koraal
Crab	Krab
Dolphin	Dolfijn
Eel	Aal
Fish	Vis
Jellyfish	Kwal
Octopus	Octopus
Oyster	Oester
Reef	Rif
Salt	Zout
Seaweed	Zeewier
Shark	Haai
Shrimp	Garnaal
Sponge	Spons
Storm	Storm
Tides	Getijden
Tuna	Tonijn
Turtle	Schildpad
Whale	Walvis

Physics
Natuurkunde

Acceleration	Versnelling
Atom	Atoom
Chaos	Chaos
Chemical	Chemisch
Density	Dichtheid
Electron	Elektron
Engine	Motor
Expansion	Uitbreiding
Formula	Formule
Frequency	Frequentie
Gas	Gas
Magnetism	Magnetisme
Mass	Massa
Mechanics	Mechanica
Molecule	Molecuul
Nuclear	Nucleair
Particle	Deeltje
Relativity	Relativiteit
Universal	Universeel
Velocity	Snelheid

Plants
Installaties

Bamboo	Bamboe
Bean	Boon
Berry	Bes
Botany	Plantkunde
Bush	Struik
Cactus	Cactus
Fertilizer	Mest
Flora	Flora
Flower	Bloem
Foliage	Gebladerte
Forest	Bos
Garden	Tuin
Grass	Gras
Ivy	Klimop
Moss	Mos
Petal	Bloemblad
Root	Wortel
Stem	Stengel
Tree	Boom
Vegetation	Vegetatie

Professions #1
Beroepen #1

Ambassador	Ambassadeur
Astronomer	Astronoom
Attorney	Advocaat
Banker	Bankier
Cartographer	Cartograaf
Coach	Trainer
Dancer	Danser
Doctor	Dokter
Editor	Editor
Geologist	Geoloog
Hunter	Jager
Jeweler	Juwelier
Musician	Muzikant
Nurse	Verpleegster
Pianist	Pianist
Plumber	Loodgieter
Psychologist	Psycholoog
Sailor	Matroos
Tailor	Kleermaker
Veterinarian	Dierenarts

Professions #2
Beroepen #2

Astronaut	Astronaut
Biologist	Bioloog
Dentist	Tandarts
Detective	Detective
Engineer	Ingenieur
Farmer	Boer
Gardener	Tuinman
Illustrator	Illustrator
Inventor	Uitvinder
Journalist	Journalist
Linguist	Linguïst
Painter	Schilder
Philosopher	Filosoof
Photographer	Fotograaf
Physician	Arts
Pilot	Piloot
Researcher	Onderzoeker
Surgeon	Chirurg
Teacher	Leraar
Zoologist	Zoöloog

Psychology
Psychologie

Appointment	Afspraak
Assessment	Beoordeling
Behavior	Gedrag
Childhood	Jeugd
Clinical	Klinisch
Cognition	Cognitie
Conflict	Conflict
Dreams	Dromen
Ego	Ego
Emotions	Emoties
Experiences	Ervaringen
Ideas	Ideeën
Perception	Perceptie
Problem	Probleem
Reality	Realiteit
Sensation	Gevoel
Subconscious	Onderbewust
Therapy	Therapie
Thoughts	Gedachten
Unconscious	Bewusteloos

Rainforest
Regenwoud

Amphibians	Amfibieën
Birds	Vogels
Botanical	Botanisch
Climate	Klimaat
Clouds	Wolken
Community	Gemeenschap
Diversity	Diversiteit
Indigenous	Inheems
Insects	Insecten
Jungle	Jungle
Mammals	Zoogdieren
Moss	Mos
Nature	Natuur
Preservation	Behoud
Refuge	Toevlucht
Respect	Respect
Restoration	Restauratie
Species	Soort
Survival	Overleving
Valuable	Waardevol

Restaurant #1
Restaurant #1

Allergy	Allergie
Bowl	Kom
Bread	Brood
Cashier	Kassier
Chicken	Kip
Coffee	Koffie
Dessert	Toetje
Food	Voedsel
Ingredients	Ingrediënten
Kitchen	Keuken
Knife	Mes
Meat	Vlees
Menu	Menu
Napkin	Servet
Plate	Bord
Reservation	Reservering
Sauce	Saus
Spicy	Pittig
To Eat	Eten
Waitress	Serveerster

Restaurant #2
Restaurant #2

Beverage	Drank
Cake	Cake
Chair	Stoel
Delicious	Heerlijk
Dinner	Diner
Eggs	Eieren
Fish	Vis
Fork	Vork
Fruit	Fruit
Ice	Ijs
Lunch	Lunch
Noodles	Noedels
Salad	Salade
Salt	Zout
Soup	Soep
Spices	Specerijen
Spoon	Lepel
Vegetables	Groente
Waiter	Ober
Water	Water

Science
Wetenschap

Atom	Atoom
Chemical	Chemisch
Climate	Klimaat
Data	Gegevens
Evolution	Evolutie
Experiment	Experiment
Fact	Feit
Fossil	Fossiel
Gravity	Zwaartekracht
Hypothesis	Hypothese
Laboratory	Laboratorium
Method	Methode
Minerals	Mineralen
Molecules	Moleculen
Nature	Natuur
Organism	Organisme
Particles	Deeltjes
Physics	Natuurkunde
Plants	Planten
Scientist	Wetenschapper

Science Fiction
Meer Informatie

Atomic	Atoom
Books	Boeken
Chemicals	Chemicaliën
Cinema	Bioscoop
Clones	Klonen
Dystopia	Dystopie
Explosion	Explosie
Extreme	Extreem
Fantastic	Fantastisch
Fire	Brand
Futuristic	Futuristisch
Illusion	Illusie
Imaginary	Denkbeeldig
Mysterious	Mysterieus
Oracle	Orakel
Planet	Planeet
Robots	Robots
Technology	Technologie
Utopia	Utopie
World	Wereld

Scientific Disciplines
Wetenschappelijke Discip

Anatomy	Anatomie
Archaeology	Archeologie
Astronomy	Astronomie
Biochemistry	Biochemie
Biology	Biologie
Botany	Plantkunde
Chemistry	Chemie
Ecology	Ecologie
Geology	Geologie
Immunology	Immunologie
Kinesiology	Kinesiologie
Linguistics	Taalkunde
Mechanics	Mechanica
Meteorology	Meteorologie
Mineralogy	Mineralogie
Neurology	Neurologie
Physiology	Fysiologie
Psychology	Psychologie
Sociology	Sociologie
Zoology	Zoölogie

Shapes
Vormen

Arc	Boog
Circle	Cirkel
Cone	Kegel
Corner	Hoek
Cube	Kubus
Curve	Curve
Cylinder	Cilinder
Edges	Randen
Hyperbola	Hyperbool
Line	Lijn
Oval	Ovaal
Polygon	Veelhoek
Prism	Prisma
Pyramid	Piramide
Rectangle	Rechthoek
Round	Ronde
Side	Kant
Sphere	Bol
Square	Vierkant
Triangle	Driehoek

Spices
Specerijen

Anise	Anijs
Bitter	Bitter
Cardamom	Kardemom
Cinnamon	Kaneel
Clove	Kruidnagel
Coriander	Koriander
Cumin	Komijn
Curry	Kerrie
Fennel	Venkel
Fenugreek	Fenegriek
Flavor	Smaak
Garlic	Knoflook
Ginger	Gember
Nutmeg	Nootmuskaat
Onion	Ui
Paprika	Paprika
Saffron	Saffraan
Salt	Zout
Sweet	Zoet
Vanilla	Vanille

The Company
Het Bedrijf

Business	Zaak
Creative	Creatief
Decision	Beslissing
Global	Globaal
Industry	Industrie
Innovative	Innovatief
Investment	Investering
Possibility	Mogelijkheid
Presentation	Presentatie
Product	Product
Professional	Professioneel
Progress	Vooruitgang
Quality	Kwaliteit
Reputation	Reputatie
Revenue	Inkomsten
Risks	Risico'S
To Generate	Genereren
Trends	Trends
Units	Eenheden
Wages	Loon

The Media
De Media

Advertisements	Advertenties
Attitudes	Houding
Commercial	Commercieel
Communication	Communicatie
Digital	Digitaal
Edition	Editie
Education	Onderwijs
Facts	Feiten
Funding	Financiering
Individual	Individueel
Industry	Industrie
Intellectual	Intellectueel
Local	Lokaal
Magazines	Tijdschriften
Network	Netwerk
Newspapers	Kranten
Online	Online
Opinion	Mening
Public	Publiek
Radio	Radio

Time
Tijd

Annual	Jaarlijks
Before	Voor
Calendar	Kalender
Century	Eeuw
Clock	Klok
Day	Dag
Decade	Decennium
Early	Vroeg
Future	Toekomst
Hour	Uur
Minute	Minuut
Month	Maand
Morning	Ochtend
Night	Nacht
Noon	Middag
Now	Nu
Soon	Spoedig
Today	Vandaag
Week	Week
Year	Jaar

Town
Stad

Airport	Luchthaven
Bakery	Bakkerij
Bank	Bank
Bookstore	Boekhandel
Cinema	Bioscoop
Clinic	Kliniek
Florist	Bloemist
Gallery	Galerij
Hotel	Hotel
Library	Bibliotheek
Market	Markt
Museum	Museum
Pharmacy	Apotheek
School	School
Stadium	Stadion
Store	Winkel
Supermarket	Supermarkt
Theater	Theater
University	Universiteit
Zoo	Dierentuin

Universe
Universum

Asteroid	Asteroïde
Astronomer	Astronoom
Astronomy	Astronomie
Atmosphere	Atmosfeer
Cosmic	Kosmisch
Darkness	Duisternis
Equator	Evenaar
Hemisphere	Halfrond
Horizon	Horizon
Latitude	Breedtegraad
Longitude	Lengtegraad
Moon	Maan
Orbit	Baan
Sky	Hemel
Solar	Zonne
Solstice	Zonnewende
Telescope	Telescoop
Tilt	Kantelen
Visible	Zichtbaar
Zodiac	Dierenriem

Vacation #2
Vakantie #2

Airport	Luchthaven
Beach	Strand
Camping	Kamperen
Destination	Bestemming
Foreign	Buitenlands
Foreigner	Buitenlander
Holiday	Vakantie
Hotel	Hotel
Island	Eiland
Journey	Reis
Leisure	Vrije Tijd
Map	Kaart
Mountains	Bergen
Passport	Paspoort
Sea	Zee
Taxi	Taxi
Tent	Tent
Train	Trein
Transportation	Vervoer
Visa	Visum

Vegetables
Groenten

Artichoke	Artisjok
Broccoli	Broccoli
Carrot	Wortel
Cauliflower	Bloemkool
Celery	Selderij
Cucumber	Komkommer
Eggplant	Aubergine
Garlic	Knoflook
Ginger	Gember
Mushroom	Paddestoel
Onion	Ui
Parsley	Peterselie
Pea	Erwt
Pumpkin	Pompoen
Radish	Radijs
Salad	Salade
Shallot	Sjalot
Spinach	Spinazie
Tomato	Tomaat
Turnip	Raap

Vehicles
Voertuigen

Airplane	Vliegtuig
Ambulance	Ambulance
Bicycle	Fiets
Boat	Boot
Bus	Bus
Car	Auto
Caravan	Caravan
Ferry	Veerboot
Helicopter	Helikopter
Motor	Motor
Raft	Vlot
Rocket	Raket
Scooter	Scooter
Shuttle	Shuttle
Submarine	Onderzeeër
Subway	Metro
Taxi	Taxi
Tires	Banden
Tractor	Tractor
Truck	Vrachtauto

Visual Arts
Beeldende Kunsten

Architecture	Architectuur
Artist	Artiest
Ceramics	Keramiek
Chalk	Krijt
Charcoal	Houtskool
Clay	Klei
Composition	Samenstelling
Creativity	Creativiteit
Easel	Ezel
Film	Film
Masterpiece	Meesterwerk
Painting	Schilderij
Pen	Pen
Pencil	Potlood
Perspective	Perspectief
Photograph	Foto
Portrait	Portret
Sculpture	Beeldhouwwerk
Stencil	Stencil
Wax	Was

Congratulations

You made it!

We hope you enjoyed this book as much as we enjoyed making it. We do our best to make high quality games.
These puzzles are designed in a clever way for you to learn actively while having fun!

Did you love them?

A Simple Request

Our books exist thanks your reviews. Could you help us by leaving one now?

Here is a short link which will take you to your order review page:

BestBooksActivity.com/Review50

MONSTER CHALLENGE!

Challenge #1

Ready for Your Bonus Game? We use them all the time but they are not so easy to find. Here are **Synonyms**!

Note 5 words you discovered in each of the Puzzles noted below (#21, #36, #76) and try to find 2 synonyms for each word.

Note 5 Words from **Puzzle 21**

Words	Synonym 1	Synonym 2

Note 5 Words from **Puzzle 36**

Words	Synonym 1	Synonym 2

Note 5 Words from **Puzzle 76**

Words	Synonym 1	Synonym 2

Challenge #2

Now that you are warmed-up, note 5 words you discovered in each Puzzle noted below (#9, #17, #25) and try to find 2 antonyms for each word. How many lines can you do in 20 minutes?

Note 5 Words from **Puzzle 9**

Words	Antonym 1	Antonym 2

Note 5 Words from **Puzzle 17**

Words	Antonym 1	Antonym 2

Note 5 Words from **Puzzle 25**

Words	Antonym 1	Antonym 2

Challenge #3

Wonderful, this monster challenge is nothing to you!

Ready for the last one? Choose your 10 favorite words discovered in any of the Puzzles and note them below.

1.	6.
2.	7.
3.	8.
4.	9.
5.	10.

Now, using these words and within a maximum of six sentences, your challenge is to compose a text about a person, animal or place that you love!

Tip: You can use the last blank page of this book as a draft!

Your Writing:

Explore a Unique Store
Set Up **FOR YOU!**

MEGA DEALS

BestActivityBooks.com/**TheStore**

Designed for Entertainment!

Light Up Your Brain With Unique **Gift Ideas**.

Access **Surprising** And **Essential Supplies!**

CHECK OUT OUR MONTHLY SELECTION NOW!

- Expertly Crafted Products -

NOTEBOOK:

SEE YOU SOON!

Linguas Classics Team